世紀人物100

禁煙先鋒

林則徐

詹文維　著

三民書局

獻給孩子們的禮物

主編的話

世界上最幸福的孩子，是他們一出生就有機會接近故事書，想想看，那些書中的人物，不論古今中外都來到了眼前，與他們相識，不僅分享了各個人物生活中的點滴，孩子們的想像力也隨著書中的故事情節飛翔。

不論世界如何演變，科技如何發達，孩子一世幸福的起源，仍然來自於父母的影響，如果每一個孩子都能從小在父母親的懷抱中，傾聽故事，共享閱讀之樂，長大後養成了閱讀習慣，這將是一生中享用不盡的財富。

三民書局的劉振強董事長，想必也是一位深信讀書是人生最大財富的人，在讀書人口往下滑落的多元化時代，他仍然堅信讀書的重要，近年來，更不計成本，連續出版了特別為孩子們策劃的兒童文學叢書，從「文學家」、「藝術家」、「音樂家」、「影響世界的人」系列到「童話小天地」、「第一次」系列，至今已出版了近百本，這僅是由筆者主編出版的部分叢書而已，若包括其他兒童詩集及套書，三民書局已出版不下千百種的兒童讀物。

劉董事長也時常感念著，在他困苦貧窮的青少年時期，是書使他堅強向上，在社會普

遍困苦，而生活簡陋的年代，也是書成了他最好的良伴，他希望在他的有生之年，分享這份資產，讓下一代可以充分使用，讓親子共讀的親情，源遠流長。

「世紀人物 100」系列早就在他的關切中構思著，希望能出版孩子們喜歡而且一生難忘的好書。近年來筆者放下一切寫作，接下這份主編重任，並結合海內外有心兒童文學的作者共同為下一代效力，正是感動於劉董事長致力文化大業的真誠之心，更欣喜許多志同道合的朋友，能與我一起為孩子們寫書。

「世紀人物 100」系列規劃出版一百位人物故事，中外各占五十人，包括了在歷史上有關文學、藝術、人文、政治與科學等各行各業有貢獻的人物故事，邀請國內外兒童文學領域專業的學者、作家同心協力編寫，費時多年，分梯次出版。在越來越多元化的世界中，每個人都有各自的才華與潛力，每個朝代也都有其可歌可泣的故事，但是在故事背後所具有的一個共同點，就是每個傳主在困苦中不屈不撓，令人難忘的經歷，這些經歷經由各作者用心博覽有關資料，再三推敲求證，再以文學之筆，寫出了有趣而感人的故事。

西諺有云：「世界因有各式各樣不同的人群，才更加多采多姿。」這套書就是以「人」的故事為主旨，不刻意美化傳主，以每一位傳主的生活經歷為主軸，深入描寫他們成長的環境、家庭教育與童年生活，深入探索是什麼因素造成了他們與眾不同？是什麼力量驅動了他們鍥而不捨的毅力？以日常生活中的小故事，來描繪出這些人物，為什麼能使夢想成真。為了引起小讀者的興趣，特別著重在各傳主的童年生活描述，希望能引起共鳴。尤其在閱讀這些作品時，能於心領神會中得到靈感。

和一般從外文翻譯出來的偉人傳記所不同的是，此套書的特色是，由熟悉兒童文學又關心教育的作者用心收集資料，用有趣的故事，融入知識，並以文學之筆，深入淺出寫出適合小朋友與大朋友閱讀的人物傳記。在探討每位人物的內在心理因素之餘，也希望讀者從閱讀中，能激勵出個人內在的潛力和夢想。我相信每個孩子在年少時都會發呆做夢，在他們發呆和做夢的同時，書是他們最私密的好友，在閱讀中，沒有批判和譏諷，卻可隨書中的主人翁，海闊天空一起遨遊，或狂想或計畫，而成為心靈知交，不僅留下年少時，從閱讀中得到的神交良伴（一個回憶），如果能兩代共讀，讀後一起討論，綿綿相傳，留下共同回憶，何嘗不是一幅幸福的親子圖？

2006 年，我們升格成為祖字輩，有一位朋友提了滿滿兩袋的童書相送，一袋給新科父母，一袋給我們。老友是美國國家科學院院士，曾擔任過全美閱讀評估諮議委員，也是一位慈愛的好爺爺，深信閱讀對人生的重要。他很感性的說：「不要以為娃娃聽不懂故事，我的孫兒們一出生就聽我們唸故事書，長大後不僅愛讀書而且想像力豐富，尤其是文字表達能力特別強。」我完全同意，並欣然

接受那兩袋最珍貴的禮物。

因為我們同樣都是愛讀書、也深得讀書之樂的人。

謹以此套「世紀人物 100」叢書送給所有愛讀書的孩子和家庭，以及我們的孫兒——石開文，他們都是世界上最幸福的孩子，因為從小有書為伴，與愛同行。

作者的話

我竟然把《禁煙先鋒：林則徐》這本書寫完了！這件事情就像此刻窗外的陽光一樣美好得令人難以相信。（今天是 2008 年 2 月 28 日，之前，臺北市長達二十二天的陰雨。這週氣象預報，說是寒流來襲，將會陰雨不斷。）

當年在寫《忍小辱成大英雄：韓信》的時候，其實寫得滿順的。因為南宮搏先生的作品非常完整，可參考的資料很多。可是寫林則徐時，前前後後拖了兩年多才寫完。會拖這麼久，除了因為學校的事情很多、寒暑假還要上課之外，還有其他的困難。不講別的，光是閱讀資料就很不容易。

首先，史料閱讀不易。這樣講，你們可能不能理解我的苦。我舉個例子來說吧！例如，我說：「我去網咖混了一天。」這句話很清楚吧。但是過了一、兩百年之後，人們還知道什麼是「網咖」嗎？所以如果我在資料中看到什麼「簽押房」、「萬壽宮」之類的字眼，我就得精確的知道那是什麼樣的場所，而且有一些用語，像是「續被戕傷」的「戕」字，就連一般的國語字典都沒解釋呢！

再來，資料間的出入很多。詳細內容我想你們是不會有興趣知道的，但是我把幾個資料出入的問題，簡單列在後面作個交代，也讓你們稍微感受一下，這麼多資料怎麼選擇，也是件苦惱的事情。

還有，資料的消化整理也很不容易。因為林則徐一生可以說的

事情實在太多了，要處理的主題也很多。以前寫韓信的時候，是要把有限的史料擴充；而寫林則徐時卻必須把複雜萬端的史實精簡。

最重要的是，當時讀完了好幾本書之後，我腦中的林則徐還是沒有具體形象。只知道他是個偉人，但是完全沒有「人」的生命力，甚至無法感受到他的情緒和理解他的想法。

每個人最熟知的事就是他奉命禁煙，可是他是以什麼樣的心情去禁煙？他要用什麼方法去解決重重的困難？這些我都無法了解和體會。

我只好一遍又一遍的去讀手邊有的資料，一次又一次的揣摩林則徐的心境。慢慢的，我開始能真心敬佩他的偉大，讚嘆他禁煙的勇氣和智慧，也開始反省自己的人生。其實我們大多數人面對惡勢力的時候，通常都先是莽撞的反抗，爾後膽小的屈服。我們既沒有智慧，也沒有勇氣。什麼是智慧？年輕的時候，知道自己面對的是怎樣的惡勢力，這是智慧。什麼是勇氣？年老的時候，還願意對抗惡勢力，這是勇氣。林則徐有智慧有勇氣，這樣的偉人，的確值得書寫。

於是，我開始著手撰寫。下筆的時候，我聽著武俠劇的配樂，在激昂的樂曲下，試著寫出林則徐那一身的慷慨俠氣與義無反顧的勇氣。隨著資料越讀越深，越讀越多，我對林則徐的感覺慢慢的變了。

有一天，我在路上看到幾個外國人招搖走路的樣子，腦中竟然馬上轉出了一句話：「夷人橫行於街。」這句話一出來，我就知道，哈，我進入林則徐的時代了。等我好好的讀林則徐的詩句，讀他的日記，就讀出了他「人」的味道了。我知道，他在恐懼什麼了，我知道他怎麼去面對他的恐懼了。會恐懼的，就是人。克服恐懼的，就是偉人。看得到掙扎的歷程，林則徐的形貌就能具體了。

我在林則徐的日記中，看到他以淡淡的幾句話寫到自己被貶後的情形。那幾段文字，翻成白話，就是：「我被貶了。百姓來看我，塞滿了街道。送給我鏡子等禮物以及五十二面的頌牌。禮物我退回了，頌牌放在廟裡。」這幾句話中，我看到了他的無愧無悔。他為百姓做事，百姓知道了，對他而言那就夠了，所以他寵辱不驚。

我在林則徐的家書中，看到他慷慨激昂的寫著他被貶之後，防禦如何被撤，屬下如何為國捐軀；他如何預見關天培必將犧牲。我一路讀來，眼淚不斷的飆出，完全感覺到林則徐的痛徹心扉。

然後，我愛上了這個男人了。

寫歷史傳記是這樣的。下筆「有本有據」，可是得「加油添醋」以及「移花接木」，說故事的節奏才會對，而且這就不純粹是「記錄」而是「創作」了。資料中，有關林則徐的夫人鄭淑卿的記錄不多，可是我寫得最快樂的部分，就是鄭淑卿和林則徐的互動。這個部分可以表現林則徐感性和柔軟的一面。最重要的是，我把自己完全投射在鄭淑卿的身上。呵呵呵，因為我愛上了林則徐啊！所以我讓自己變成了鄭淑卿跟林則徐對話。

這是很棒很棒的創作經驗。我是作者，也是林則徐的愛慕者。這是我自己理解和創造的林則徐。因此後面的幾章，下筆速度飛快。可是我的心情卻複雜了起來，一方面很高興這本書終於快寫完，可以給編輯一個交代；另一方面，卻有著淡淡的惆悵，因為我要跟林則徐說再見了呢！

不過轉個念頭：一想到這本書將能出版，跟很多人見面，我又很興奮。在這個混亂的時代裡，我們已經不大相信英雄與偉人的存在了。說真的，我也不喜歡神格化一個人。但是，我覺得書寫一個有血有肉的偉人，是很重要的。因為這使我們相信，即便人是脆弱的，人在向上的路上是顛簸的，但是，人能超越，路不斷絕。我受到了林則徐的鼓舞與激勵，也希望能讓這本書去鼓舞和感動別人。

除了感謝三民書局編輯的支持和協助，讓這本書順利出版，還要感謝龍山寺的菩薩。過年前特地去龍山寺求菩薩，讓我能開智慧把這本書寫好，果然，後來下筆就覺得很順。嗯，菩薩有靈呢！

最後還要跟臺北市立圖書館說對不起。我從市圖借出了林則徐的後人林崇墉寫的《林則徐傳》，因為這本書的資料很豐富，可是坊間已經買不到了，我只好一借就是一年多。哈哈，因為這樣，我的借書證要被停借到民國一百年了吧！

附註：各家史料出入之處

問題一

林則徐於嘉慶九年中舉，嘉慶十六年方中進士。這當中嘉慶十年、十三年各舉行過一次會試，嘉慶十四年也開了恩科。只知道林則徐沒有上榜，但是他是沒去參加考試？還是沒有考上呢？

各家說法

1. 林崇墉的作品中，說明因為家貧，所以林則徐沒有去考次年的會試。嘉慶十三年後，他入張師誠幕府，可能因為不願捨棄跟張師誠學習的機會，也可能張師誠的幕府不能少了他這樣一個人，所以沒有入京參加之後的兩次會試。
2. 坊間一些傳記有不同的說法。如章欣《林則徐傳》寫的是林則徐接連落第，在張師誠與家人的鼓勵下，繼續奮進。網路上有的資料是說，他有參加嘉慶十年的考試，但是落榜。當然也有傳記，完全略過這件事情不寫。

作者的說法

雖然我知道大多數的讀者不關心這件事情，可是我不能不解釋啊！就一個作者來看，我比較關心的是林則徐是否有過挫折？他怎麼面對這些挫折？對他人品學問有沒有影響？我想過，不管林則徐是否有過落榜的挫折，這應該都不影響他為人做事的態度。所以呢，我就採用了林崇墉的說法。

問題二

林則徐是否曾在海防同知任職？任職幾年？

各家說法

1. 林崇墉的傳記只寫了在福州附近縣署充當文書三年。縣署指的是否為海防同知衙門不清楚。
2. 胡鼎宗則寫林則徐充當文書兩年。章欣則寫林則徐在海防同知任職一年。宋佩華寫的也是在海防同知任職一年。至於網路資料呢，什麼都有，什麼都不奇怪。也有寫在海防同知任職三年的。

作者的說法

嗯，這部分我也不知道答案，所以書寫的時候就含糊帶過了。

寫書的人

詹文維

聽名字像男生，但其實，她是個女生。雖然她很愛哭，會因為看到林則徐的人生際遇而哭，但其實她上課的時候，喜歡搞笑和胡說八道，是個可愛的老師！不過說到「可愛」這兩個字，她就有點惆悵了。教書教了這麼幾年，一直聽到有學生說她裝可愛。她只要跟學生說，沒有啊，她本來就很可愛，學生都會吐。她只好跟學生說，奇怪了，大家都這麼熟了，怎麼還看不出她的可愛呢？她到現在還想不透，為什麼他們還無法感受到她「真誠的可愛」呢？不知道她的可愛，大家有沒有感覺到？呵呵呵。

禁煙先鋒

林則徐

目次

世紀人物100

林則徐

1785～1850

1 志氣不凡非尋常

清乾隆末年，福建福州，一群小學生跟著書院老師遊覽城外的鼓山。師生登上了絕頂峰，向遠眺望，海天茫茫，風光大好。老師一時興起，便出了「山」和「海」兩個字，叫每個學生作一對七言聯句。

幾個學生有板有眼的對著句子，老師雖然點點頭，但臉上沒有太多滿意的笑容。輪到年紀最小的學生時，老師深看著他，眸光裡藏著期許。

那個學生叫做林則徐，他父親林賓日雖然只是個在私塾教書的窮秀才，但學問品德兩方面都受人敬重。在林賓日的啟蒙之下，林則徐初入學的時候，便展現了不同於一般學生的天資才氣。

老師記得上元節的時候，附近城隍廟張燈慶祝，他應景的出了上聯：「點幾盞燈為乾坤作福」，才九、十歲的林則徐應聲說出下聯：「打一聲鼓代天地行威」。聲音鏗鏘有力，氣勢蓬勃昂揚。

想起這件事，老師的嘴角揚起了笑。「則徐，唸唸你作的聯句。」

十歲的林則徐，很有小大人的樣子。衣服雖然破舊，但整理得一絲不苟。人雖然又瘦又小，可一雙眼睛烏湛精神，英氣逼人。

林則徐知道自己的聰明，不過他不是浮誇驕傲的孩童。一生窮困的父親，要他以謙虛自勵，所以他做什麼事情都是認認真真的。

雖然小林則徐按捺住了一般孩童想出風頭的心性，但是老師叫到他的時候，他還是有幾分孩子氣的笑開了：「海到無邊天作岸，山登絕頂我為峰。」

童音稚嫩，但一字一句清清楚楚，擲地有聲。林則徐挺直脊梁，語氣散發著初生之犢不畏虎的豪氣。

林則徐的同學們除了佩服之外，有的更微微的紅了臉。他們自覺才情無論如何是比不上林則徐的。老師嘴角的笑容卻在這時候僵住了。林則徐詫異的看著老師，不知道自己說錯了什麼？

林則徐想，該不會是他說得太自大太猖狂了吧。但是他真的有這樣的志氣啊。

聽到林則徐這一對聯句，老師先是驚異，繼而愣怔，回過神後，大為讚賞！

「太好了！太好了！」因為激動，老師的聲音顯得有些顫抖。

面對山海，其他的孩子頂多

是敘景抒情，林則徐短短的聯句中，不但有景、有情、更有志，而且還是非凡大志。上聯中，第五個字是「天」，下聯中第五個字是「我」。小小年紀的林則徐是志與天齊啊！

老師不自覺的用力拍了拍林則徐的肩膀。「好！好！則徐，好好記住這等志氣，這樣才不辜負了你爹對你的期許。」

林則徐這名字，是他父親林賓日特地取的。

當年林則徐的母親快臨盆時，正好福建巡撫徐嗣曾巡行時遇到大雨，暫避他家。林則徐誕生時，哭聲洪亮，不同凡響，不一會兒大雷雨迅速停止，引得徐嗣曾好奇，雨雖停，徐嗣曾卻站在門裡不出。

那時，林賓日聽說妻子臨盆，冒著大雨，急從私塾倉皇趕回，還沒到家，便看見門口儀隊羅列，剛踏步入內，又看到屋內站著一位穿戴著紅頂官服的大官。認出這位官員是徐嗣曾後，林賓日趕緊趨前施禮拜見。徐大人上下打量著林賓日，看他服裝應是個秀才，也還了一揖，口中說了聲恭喜之後，便上轎鳴鑼開道而去。

徐嗣曾是福建地區最高的行政長官，政績卓著，深受百姓愛戴。為了紀念這段因緣，林賓日將兒子取名為則徐，就是要他效法徐嗣曾，將來當個好官。林賓日雖然對兒子深有期待，但他萬萬想不到，林則徐將來的事跡功勳，會遠遠的超出徐嗣曾。

林則徐自評一生「歷官十四省，統兵四十萬」，「身行萬里半天下」。乾隆以後，英國人以毒品鴉片輸入中國，賺取大量白銀。道光年間，林則徐領受皇命，到廣東地區禁絕鴉片，大刀闊斧之舉，名震海外，為往後歷史翻動風雲。

※ ※ ※

林則徐十四歲的時候，考上秀才，入鰲峰書院就讀。鰲峰書院創立百年，聲譽福建。林則徐入學後，除了研習應付科考的八股文之外，更在應用學問為民服務這方面下足功夫，讀了許多切合救世實用的書籍。

同年，曾在河南擔任過知縣的鄭大模，因為愛惜林則徐的才學以及人品，不嫌林家窮苦，把年僅十歲的長女淑卿許配予林則徐。

嘉慶九年（1804 年），二十歲的林則徐中了舉人，便正式迎娶鄭家小姐，雙喜臨門，更是意氣風發。按清朝的科舉制度，舉人還要去京城參加會試，通過會試，成為進士，才能任官。但是林則徐因為家貧，只能放棄隔年的會試，為了分擔家計，婚後不久，他就接受廈門海防同知房永清的邀請，隻身一人前往衙門擔任文書。

海防同知衙門專門管理海口商販、洋船出入、監收兵餉等事務。廈門商船往來熱鬧，鴉片也從此地運往內陸。林則徐曾在街上親眼看見上癮的鴉片鬼，賣老婆買鴉片；又見到衙役因為染上吸食鴉片的惡習，形體瘦削，精神困頓，更為籌錢買鴉片，勒索收賄。

種種可憐又可惡的形跡，讓林則徐又驚又怒又心痛。他特地向房永清稟報所見所聞。

房永清聽完他的話，搖了搖頭，說道：「不瞞先生，這些下人，換一批壞一批，簡直是無計可施。」

林則徐說道：「不一定要換

人，嚴懲嚴辦，殺雞儆猴，總能收斂他們的行徑。鴉片輸入我國後，這些人風氣越來越壞，除了一時的治標，還應當想個正本清源的方法。」

林則徐雖然放棄會試，但是在漫長的科考路上，算是年少得意。不過他求取仕途，並不是為了功名利祿。

林則徐的父親林賓日雖然窮，但窮得有骨氣。儘管只是個秀才，但胸懷家國的心卻不輸朝臣。他的好朋友林希五，更曾因為公開諷刺、舉發官員貪贓枉法，而被流放到新疆。

林希五受盡折磨苦難，多年後才得以返鄉。回歸故里後，他仍然不改其耿直個性，經常抨擊時弊。林則徐對林希五極為敬重，也深受激發，曾為林希五的文集寫後序，序上寫：「讀聖賢書所學何事，古今人不平則鳴，大率類此。」

不平則鳴！林則徐見衙役惡狀，並不想吞忍不說話。他希望能奮起作為，改變這樣的情況。

年輕的林則徐，模樣端秀，說起這些話的時候，那神態認真嚴肅，莊重至誠。房永清看了都有些感動了。

「鴉片，在十餘年前朝廷便下了禁令，不准買賣、吸食！」林則徐激昂的說道：「海防同知衙門是堂堂皇皇的執法單位，豈能坐視不管，任由鴉片危害我東南地區。如蒙大人俯允，晚生自當效力，禁絕此害人之物。」

林則徐雖是一片年輕人的赤誠，但是這話說得實在冒失。正因為海防同知衙門是執法單位，鴉片氾濫，房永清豈不是難逃失職之嫌？

房永清的臉上閃過熱辣的尷尬。

林則徐瞅見這樣的神態，才驚覺失言。他暗怪自己，性情這樣急躁、莽撞。他知道自己最大的缺點就是遇到不平的事情，容易又急又怒，雖是基於義憤，不畏險惡，卻失了顧全局面的處世智慧。

好在，房永清了解林則徐正直的個性，並不跟他計較。

房永清嘆了口氣。「小老弟。」他改口，沒有稱林則徐「先生」了。

這聲小老弟，叫得有些親切，也有些教導的意味。

「你以為海防同知是廈門最大的官嗎？外夷私販鴉片，到處行賄，買通關卡，廣開銷路。這層層關卡，牽一髮而動全身。別說是地方巡察的官吏，省裡、京裡的達官貴人，也都受了好處。再說這些達官貴人的大小親戚，在廈門任職的人也不少。我領受朝廷俸祿，當然不能放任鴉片走私。只是『正本清源』這四個字，唉，談何容易！」

林則徐知道房永清並不是貪財瀆職之人，而且他對家境困苦的林則徐更有知遇之恩。只是聽他這麼一說，林則徐的心冷了半截。事情難道就這樣算了嗎？他反覆思忖，卻說不出什麼話。

讀聖賢書所學何事？拜別雙親嬌妻又是所為何來？房永清的無能為力，也讓初次見識官場複雜生態的林則徐感到困惑與受挫。

※ ※ ※

林則徐雖然一時氣餒，卻沒有因此消沉下去。他仍然利用在海防同知的職務之便，私下探查鴉片走私進口的情況，以及了解外國鴉片販子勾結官吏、偷運毒品的各種方法。

這一待，轉眼也過了兩年多。在人底下做事的歷練，沒讓林則徐的志氣稍減，銳氣倒是收斂了不少，使他沉穩許多。

年關將至，林則徐早起收拾行李，打算返鄉過年。房永清卻在此時急急的敲了他廂房的門。

林則徐心中詫異著，開了門，見房永清一臉愁苦。

未等林則徐開口，房永清劈頭就說：「大事不好了！你給新巡撫寫的新年賀稟出差錯了！」

「新年賀稟」是指祝賀上級新年快樂的稟帖，官場上，逢年過節都有這樣人情往來的應酬文稿。林則徐書法秀雅，才情佳妙，應對謹慎得宜，這樣的文稿他是極為擅長的。

雖說現任巡撫才新上任，還不大清楚他的行事作風，性情為人。但這樣尋常應對的官場文稿，應該不至於出了什麼差錯才是。

林則徐一下子不大明白發生了什麼事情。

新任巡撫叫做張師誠，在乾隆皇帝在位時，位列樞要，涉獵典章與兵刑吏治等大政。嘉慶時，他又從地方官員，層層爬升，至嘉慶十一年，自江西巡撫調任福建巡撫。

張師誠才來福建沒有多久，房永清也不大清楚他的個性。

「大人，怎麼說出了差錯呢？」林則徐問。

「今天是除夕，巡撫漏夜派了專差急急趕來這裡，說是要問這賀稟是誰寫的，又說要把寫賀稟的人立刻帶回省城。若不是出了大差錯，怎麼會這樣緊急？」雖是冬日一早，房永清卻急出了一身汗。

汗還來不及擦，房永清又說：「專差還在外面。我問不出個所以，依我看來大概是凶多吉少。先生若覺得不妥，我就推說你已經回去過年好了。」

林則徐做事認真細心，聰明幹練，這些年幫了房永清不少的忙。房永清對他也是愛護有加，決定替他擋下。

林則徐感激的說：「謝謝大人的美意。只是既然是晚生代筆的稟帖出了差錯，自然該由晚生負責，豈能牽累大人！」

雖然專差來意不明，林則徐倒是沒那麼慌亂。

「好漢做事，好漢當。」他林則徐還有這點擔待和這一身的坦蕩。再說，稟帖是出於他手，內容好壞，他自己最清楚，沒道理因為這樣獲罪。見了巡撫，他只要小心應對，不累及他人就無愧無懼了。

這麼一想，林則徐的心頭更安定了許多。「專差既然來得這麼急，就讓晚生立刻跟著去吧。」

「這……」房永清還有些遲疑。

「大人請。」林則徐沒等房永清把話說完，微微一笑後便輕輕推著房永清，一起走出廂房。

※　　※　　※

一路上，專差並不多說話，除了偶爾問了林則徐幾句話，大部分的時間幾乎都在趕路。林則徐注意到，即便是在趕路，專差似乎還偷偷觀察著他。

林則徐覺得奇怪，但是他心中坦蕩，知道有人窺覷，反而更鎮定，顯現出一派從容。

兩個人到了省城時，已將近黃昏了。

張師誠聽專差回報，帶回來的年輕人不過二十出頭，一路上氣定神閒，讓他驚訝不已。他想了想，吩咐道：「先招待他用晚飯，過一會兒再說。」

初更時分，張師誠踱步進了簽押房，傳令讓林則徐進見。

簽押房是批閱文案的辦公重地，擺放許多重要文件，一般官員平素不會讓尋常人進來。所以林則徐雖然苦候許久，但是進了簽押房，內心倒是更加安穩。

林則徐依禮拜見，張師誠讓林則徐坐在簽押桌的對面，先是不說話，著實的端詳他一番。

張師誠大約四十五歲，精神飽滿，兩眼炯炯有神，頗有威儀。林則徐頷首微笑，心跳雖然有些加快，但並不閃避張師誠的目光。

張師誠在看賀稟的時候，就已經被林則徐的書法和文采所吸引，見了林則徐後，對他更有好感。林則徐的字端正秀雅，人也俊朗英挺，尤其難得的是文無虛浮之氣，人有大將之風。

張師誠淡淡一笑，開口問道：「這賀稟寫得不錯，可都是你一手寫的？」

聽他稱讚，林則徐沒有露出喜出望外的神色，只是輕輕一笑，謙虛謹慎的應答稱是。

張師誠又問道：「足下對於公文書寫，想來也很出色了？」

林則徐欠身答道：「學生只是初學一些。」

張師誠說道：「很好，很好。」他伸手自桌上一大疊卷宗裡揀出一束很厚的案卷。「急忙把足下請來，是有緊急的事要借重足下長才。麻煩足下仔細研究這一堆卷宗，連夜在此替我擬出一篇奏稿，並且繕錄清楚。這是要上奏給聖上的摺子，務須謹慎。五更時分我往萬壽宮賀年之前，請足下務必全部辦妥。」

清代官員，每逢歲時，都要到各地的「萬壽宮」遙拜皇帝，張師誠自然不能缺席。

林則徐再一欠身。「學生遵命。」

張師誠又交代幾句，然後起身離去。

林則徐反覆翻閱厚厚的卷宗。除夕夜裡，外頭不時傳來喧鬧的爆竹聲和鑼鼓聲，他恍若未聞，深思後，隨即提筆疾書，一刻不停，一夜未眠。

五更時分，張師誠差人來取。林則徐稍微闔眼休息，靜心等候。

不久，一個下人拿回奏摺，說道：「我家大人吩咐，請先生重寫一篇。大人此刻要往萬壽宮去，回來後會再看先生的奏摺。」

說完，那下人便離開了。

為了明白張師誠是哪裡不滿意，林則徐翻開奏摺重看。只見張師誠在無關緊要的幾個字眼塗改，既無讚許，也無批評。

倘若是別人，一定覺得張師誠自恃官大，對自己不但有些輕慢，也太過刁難。

可是林則徐再看了看，又想了想，既不害怕，也不惱怒。他重提精神，專注在筆墨之間，越寫越見神采。

時間越少、要求越苛，他被激出的潛力越大。

他一向都是有志氣的，但求下筆理要分明、情要通徹、字要斟酌，人若克盡職責，便是自重，就不怕被人看輕。

窗外濛濛天色亮透，個把時辰過去，紅日滿窗。張師誠滿面春風，快步的進入簽押房。

林則徐剛完成奏摺，起身行禮。

張師誠看他竟然精神奕奕，大為驚奇。「寫完了嗎？」他一面問，一面示意林則徐坐下來。

「學生已經完成了，請大人

過目。」林則徐微微一笑。

聽他這麼一說，張師誠未及就座，忙著取過奏摺觀看。他就這麼站在桌旁從頭看到尾，又要了林則徐原來那份奏摺對照。

看完以後，張師誠頓時眉飛色舞，口中不斷稱道：「了不起！了不起！」

林則徐猛然被這樣一稱讚，臉竟微微赧紅。

張師誠轉過頭來，恭敬的朝著林則徐深深一揖，說道：「可喜！可喜之至！老夫何幸替朝廷物色到一位真正了不起的大才。」

張師誠是封疆大吏，而林則徐只是小小文書。他行這等大禮，讓林則徐受寵若驚。「大人過譽，學生不敢當。」

「不！你受之無愧。」張師誠正色道。「我初看你寫的賀稟，便覺得你是個人才，沒想到你一再教我驚奇！不過二十幾歲，遇事竟能鎮定安詳，那修養確實不易。我為了考驗你是否有真才實學，所以決定讓你來擬這份奏摺。這項工作本是繁重複雜，而你能在一夜完成，那已是精力過人、幹練機敏了，老夫心中甚喜！卻忍不住想再考驗你的修養能力一番，這才無禮唐突的讓你再擬一份。不想這第二份，一氣呵成，竟更是精妙！通篇圓潤整齊、論理高明、用字妥貼。你真是驚世之才！」

「你將來的功業必定在老夫之上！」張師誠最後這麼說。「你若不棄，是否願意在我這裡屈做幕僚？我必盡我所知，傾囊相授。」

林則徐根本沒想到整件事竟是如此！聽張師誠說得這樣懇切，林則徐胸中一股熱氣激盪，感動之情難以言述。

他何其有幸，竟遇張師誠賞

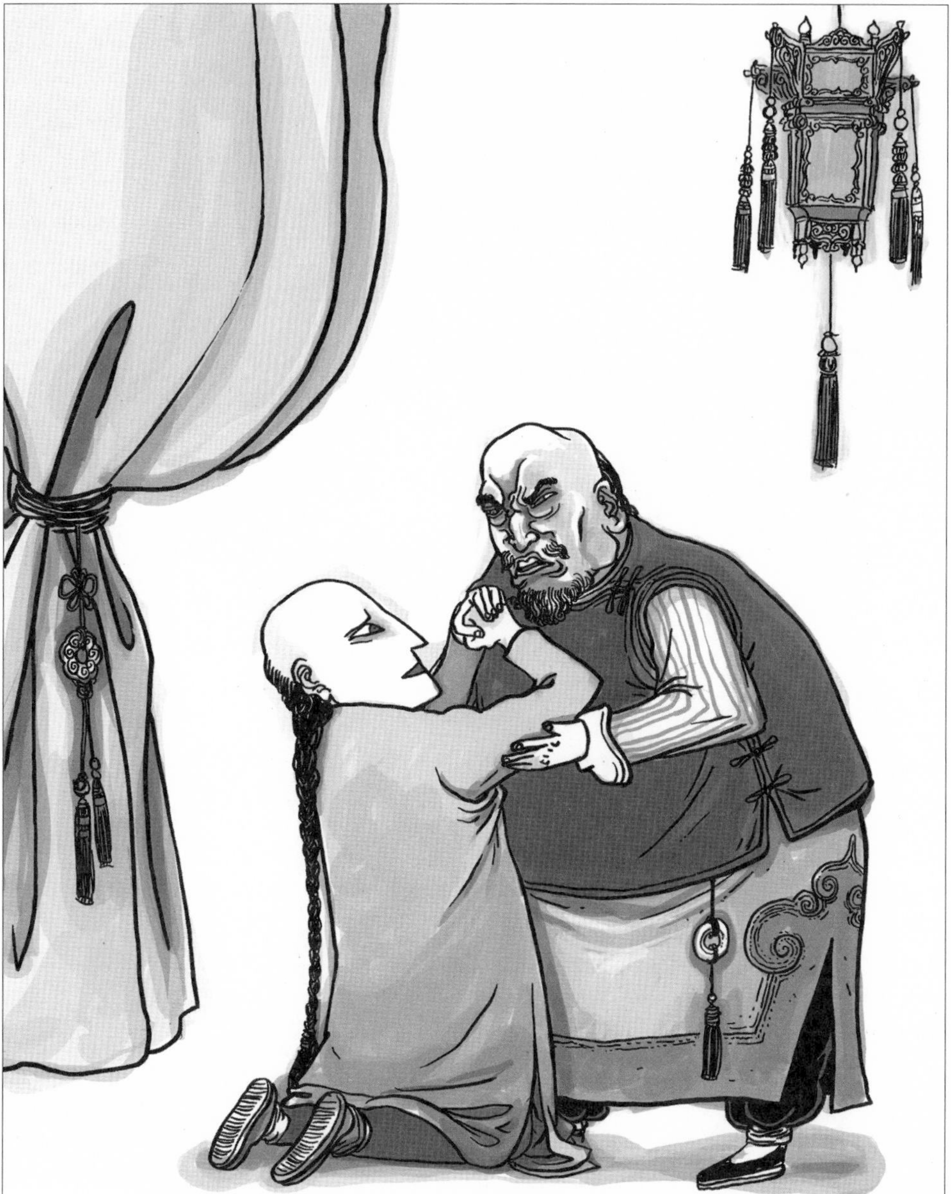

識提拔、赤誠相待。他振奮莫名，相信往後必大有作為，能學習到不凡的為人處事之道。

「恩師，請受晚生一拜。」林則徐想也不想，伏拜在地，淚已經含在眼眶。

往後張師誠還歷任廣東、安徽、山西、江蘇等省巡撫，政績卓著，而又以在福建的八年建樹最多，其中四年，他們師生共事。在張師誠如師如父的照顧下，林則徐跟在他身邊四年所見所聞所學，一生受用。

2 初露鋒芒聲名彰

嘉慶十六年（1811 年）的會試，林則徐榜上有名，名次是二甲第四名，也就是全榜兩百三十七名中的第七名，那年他二十七歲。林則徐賜進士出身＊，選為翰林院庶吉士。翰林院是為國家選拔人才的地方，明清兩代的政府內閣官員，多是出自翰林院。進士當中，選擇年輕而有才華的來擔任翰林院的庶吉士，目的是讓他們在翰林院學習，將來再授予官職。

林則徐在入翰林院之前，已經和普通新科進士不同。他從小就接受經世致用的教育，又受到

放大鏡

＊清代科舉中，皇帝拔出前三名作一甲（一等），賜「進士及第」，其後七人為二甲（二等），賜「進士出身」，其他進士為三甲（三等），賜「同進士出身」。

張師誠多年的指導，更能利用內閣祕藏的典籍繼續深造，奠定往後多方面發展的基礎。

他在翰林院長達九年，以才識超群絕倫博得讚賞，受到當時人們的敬重。其中有半年的時間，林則徐加入「宣南詩社」，結交志同道合的友人，相互激勵。

林則徐雖然在翰林院供職多年，但是這當中卻有兩次外派的機會。

一次他被外派至江西主持鄉試，擔任副主考官。當時審閱薦卷*的工作已經結束，為避免埋沒人才，林則徐又花費七天時間，複查全部薦卷與黜卷*。正主考官頻頻催促林則徐結卷，林則徐卻覺得其中有異，不顧壓力，仍堅持全部複查，後來終於發現有人抄襲，於是重新開選。林則徐這種細心負責、公正無私的態度，深獲地方讚譽，也得到朝廷賞識，隔年便派他到雲南二度主持鄉試。

他在雲南主持鄉試時，當地舉人李綸元的試卷未被錄取。放榜後，李綸元非但不怒，還向他討教請益。兩人氣度雍和，一時傳為美談。

嘉慶二十五年（1820年），林則徐三十六歲，自雲南返京覆命。嘉慶帝見他是個幹練的人才，親自接見，並委派他為江南道監察御史，巡視州縣，考察官吏。

他途經澎湖群島，福建閩安副將張寶*特地差人送上一隻金老鼠。林則徐不但不領情，反而調查張寶來歷。張寶原是在廣東海面活動的江洋大盜，十年前接

放大鏡

＊薦卷　薦官評定的卷子。

＊黜卷　被薦官棄置不用的試卷。

＊據《清史稿・列傳一百五十六・林則徐》。

受招撫，由清廷授以武職。此人盜匪習氣猶存，吸食鴉片，擾亂鄉里，但是因為憑著不義之財到處行賄，反而得到層層保舉，占得要職。

林則徐嫉惡如仇，將張寶的金老鼠上交國庫，不顧得罪人，上疏彈劾張寶，並籲請把張寶調任西北邊缺，以免他和舊黨羽勾結，滋生事故。嘉慶帝採納了林則徐的建議。

林則徐離開澎湖，前往河南。當時黃河潰決，修堤工程尚未完成，投機分子囤積治河堵口的主要工材，謀取暴利。林則徐揭發弊案，才使得河工得以順利進行，同時為朝廷節約了一大筆不必要的開支。

林則徐在京官中考核名列第一等，是深受器重的青年才俊，所以同年嘉慶皇帝將他外派任官，一開始就授以浙江省杭嘉湖道*這樣的優缺。

當時浙江省巡撫為陳若霖，算是林則徐的上司。林則徐走馬上任的時候，正值浙江海塘破壞，需要大力修復。兩人在海塘的修復上，合作無間。

林則徐除了關心整治海堰，也盡心拔擢人才、查訪民情。

杭州城內，有一人名叫唐鳴，仗勢著朝中有大官做靠山，明目張膽的在杭州城開設煙花賭場，林則徐派人查封，抄出大量鴉片、煙具、賭具，遣散了幾十名娼妓，財貨銀錢全部由官府沒收。懲辦了唐鳴，同時又革除了幾個徇庇的官吏。

這件事情，本該大快人心。

那日他與巡撫陳若霖在議論如何處置唐鳴的時候，手下匆匆

放大鏡

＊清代一省設若干道，一道設若干府。杭嘉湖道是統領杭州、嘉興、湖州三府的行政長官。

來報。

「什麼事情？」林則徐口氣溫和的探問。

「啟稟大人，刑部下了公文，將唐鳴開釋了。」

林則徐一聽，變了臉色。半晌後才說道：「知道了，下去吧。」

「是。」手下離開後，林則徐臉色仍然鐵青。

「唉，這種事情也是莫可奈何。」陳若霖開口勸他。

「我要上書辯駁。」林則徐以堅定的口吻說道：「唐鳴作惡多端，鐵證如山，如不能讓他伏法，還有何公理可言？我又如何對得起杭州城百姓？」

林則徐不再像年少時一樣，一急躁便慷慨陳辭，語氣激昂，但是他剛正的個性從沒變過。

陳若霖又勸道：「唐鳴的背景不同一般，朝中有人哪！」

陳若霖說得隱諱，但是林則

徐知道，唐鳴朝中的靠山是首席軍機大臣＊。

「正因為如此，更不能縱容。這樣才能殺一儆百。」

林則徐硬脾氣的回答讓陳若霖傻了眼，陳若霖嘆了一口氣。

「我不怕得罪人。」林則徐知道陳若霖對他關愛有加，實話說了。「要怕得罪人的話，當年我不會秉公辦理鄉試，更不會依律彈劾張寶，照實揭發弊案。」

林則徐這麼說的時候，還笑了笑。

他做這些事情，問心無愧。辦理鄉試，為國舉才，他心中暢快；彈劾張寶，防患未然，他心安理得；揭發弊案，減少公帑浪費，他更感安慰。只要有利於社稷百姓，他得罪一些人，那又如

放大鏡

＊清代承襲明制，不設宰相，而軍機大臣就成為實際上的宰相。

何？

陳若霖親切的喚他：「小老弟。」

這聲「小老弟」，讓林則徐想起了多年前，他任職廈門海防同知衙門的時候，房永清也曾這麼叫喚過他。當年，他二十歲，只是個小小文書。

陳若霖語重心長的說道：「你做的這些事情，我都是知道的。不過那時候你是京官，不在地方任事，地方上種種盤根錯節的事情，你可以不管。但是，現在你是在地方上，要跟大家共事，有時候也不得不多顧慮一些。」

林則徐有些不解的看了看陳若霖，只覺得他的話中似乎還有話。

陳若霖對林則徐是欣賞與愛護的。林則徐雖是初次任官，但才華出眾，辦事能力老練沉穩。尤其是他盡心任事的態度，更是他人遠遠不及的。

但是陳若霖對於林則徐也是擔憂的。林則徐雖不恃才傲物，但那鋒芒還是容易招人忌妒的。再加上他無欲無求，一身傲骨，明的、暗的，都得罪了不少人。

陳若霖不得不多提醒他一些。「有人傳了話到我這裡來，說你到處與人為敵，目的是在打擊同僚，抬高自己，冀圖升遷。」

林則徐畢竟年輕，又自視高潔，只覺得清白被汙，人格遭玷，初一聽，氣得說不出話。

他深深的吸了一口氣後，才說道：「大人明察……」

「我知道，我知道。」陳若霖急著安撫他，和善的拍了拍他的肩膀。「要不知道，我怎麼會跟你說這一些呢？我的用意，你也要明白啊！」

林則徐陷入沉思中。陳若霖是要他明白什麼呢？

當年，他只是小文書的時候，職位低微，有些事情他只好默不作聲。現在，他不都是按著「職責所在」四個字克盡本分嗎？只是或許「職責所在」，讓他擋到了別人的財路，才會謠言四起。

可是難道要他瀆職枉法嗎？這他是絕對做不來的！

「你也別把事情想得太嚴重。」陳若霖看出他的疑惑說道：「只是『強龍不壓地頭蛇』，這句話的確是有它幾分的道理。我們都是從外地派來的官，跟上司、同僚、下屬，都得同舟共濟。一個人頂不了一片天的！唐鳴這件事情，你也竭盡心力了，剩下的，頂不了的，那就得看開。」

陳若霖笑道：「修海堤的功勞，你是最大的。晚上我作東宴客，衙門裡的同僚也都會來。你是一定得來的。」

陳若霖又補了一句：「當官同時要會做事和做人，這點你得慢慢體會。」

林則徐苦笑。這句話說來簡單，揣摩起來可就深奧了。他也不是不明白，只是他做事都來不及了，該怎麼花心思去應付這複雜的人際關係呢？唉……做官，難啊！

※ ※ ※

道光元年(1821年)，初春，林和靖墓旁，空氣間還透著寒氣，細雪飄落，梅花的幽香隱隱浮動。

林和靖是北宋詩人，一生沒有做官，隱居於西湖畔，以植梅養鶴為樂。傳說他以梅為妻，以鶴為子，故後世以「梅妻鶴子」四字，表示清高隱逸。

林則徐特地在林和靖的墓

旁，補種上三百六十株梅樹，又買了雙鶴養在墳前。他可以偷閒的時候，會來林和靖的墓前，繞上一圈。

這日，林則徐站著賞梅，許久都沒有移動步伐。

「怎麼？你要在這裡站成第三百六十一株梅樹不成？」林則徐的身後，傳來吟吟的笑語。

林則徐回頭，看到是夫人鄭淑卿，笑了出來。

鄭淑卿溫婉娟秀，識見不凡，夫妻倆感情深篤。林則徐看到她的時候，向來剛毅的表情多了溫柔的笑意。

「夫人真是明白我。」林則徐笑了笑。

他極愛梅花的清高雅潔。

官場上有些烏煙瘴氣的事情，讓他格外感慨。為了唐鳴的案子，他遭人謗毀。可是那日陳若霖宴客的時候，所有同僚卻又大力吹捧他修海堤的功績。這些吹捧他的，不知有多少是暗地謗毀他的。這讓他當天極不自在，坐立難安。

沒多久，他在翰林院的恩師曹振鏞寫信給他，說是有人誣告到軍機處，指他排斥異己，收買人心。恩師特地叮嚀他凡事謹慎為要。

種種事情都讓他感慨萬千，數度萌生了隱逸之心。

「天冷。」林則徐說道：「妳懷了身孕，更別著涼了。」

鄭淑卿輕淺一笑。「天冷，你懷了心事，也別著涼了。」

林則徐牽起了夫人的手，笑而不語，好一會兒才說：「公務還沒忙完呢！」

鄭淑卿笑道：「你哪天忙完了？」

「我很想去福建一趟，把爹勸來杭州住，偏偏總沒有時間。

聽說爹最近身體不大好。」林則徐憂慮的說。

林則徐在京任職多年，苦無機會對雙親晨昏定省。杭州離福建不遠，他一到任，就急著迎回雙親奉養。誰知道他爹林賓日不喜承受供養的日子，只把他母親陳太夫人送到林則徐任所，自己卻堅持留在故鄉不出。

林賓日素來也愛林和靖「梅妻鶴子」的故事，林則徐每來到林和靖墓前，思念之情更加殷切。

林則徐頓了一頓，嘆道：「我離開福建已有八年。有時候想，要是爹不來杭州，乾脆我回福建好了。」

鄭淑卿聽得出來，林則徐是有辭官歸隱的心意。

鄭淑卿笑道：「這樣也是一家團聚。」

林則徐笑意加深，握緊了鄭

淑卿的手。天冷，兩個人的手握在一起，暖了。

※　※　※

道光元年七月底。林則徐接到老父病重的消息，以自己生病為由辭官。當天一早交接，中午林則徐就登上船，帶著妻子、母親返回福州。

林則徐歸來不久，林賓日即痊癒。林賓日對林則徐期望甚深，一直催促他要再度為民服務，報效朝廷。加以林家人口眾多，也需要林則徐擔負家計。於是隔年，林則徐束裝北上。

道光二年四月二十六日，林則徐覲見新皇帝。

當時按照一般慣例，外派的官員告病出缺，病癒後起用，必須等到原官出缺，才可以補上原官。可是道光皇帝這次打破常例，特別降旨，仍讓林則徐返回浙江以同等級的官位錄用。

四月二十六日，道光皇帝於乾清宮的西閣召見林則徐。這是他們君臣初次見面。

道光皇帝四十歲，林則徐三十八歲，君臣年紀相仿。

道光皇帝即位的時候，清帝國逐漸衰敗，財力、物力都很困窘。年輕皇帝十分節儉，也有心改革圖治。他任用了林則徐的座師曹振鏞進入軍機處，擔任要職，因而對林則徐也格外關心。

他問了林則徐的出身、履歷等等問題，說道：「你在浙江省雖然時間不久，但是官聲頗好，辦事都沒有差錯，朕早有所聞。至於一些流言蜚語，都是查無實據，不要理它。朕此番仍叫你再去浙江，遇有道缺，都給你補上。你補上後，好好察吏安民罷！」

道光皇帝的一席話，讓林則

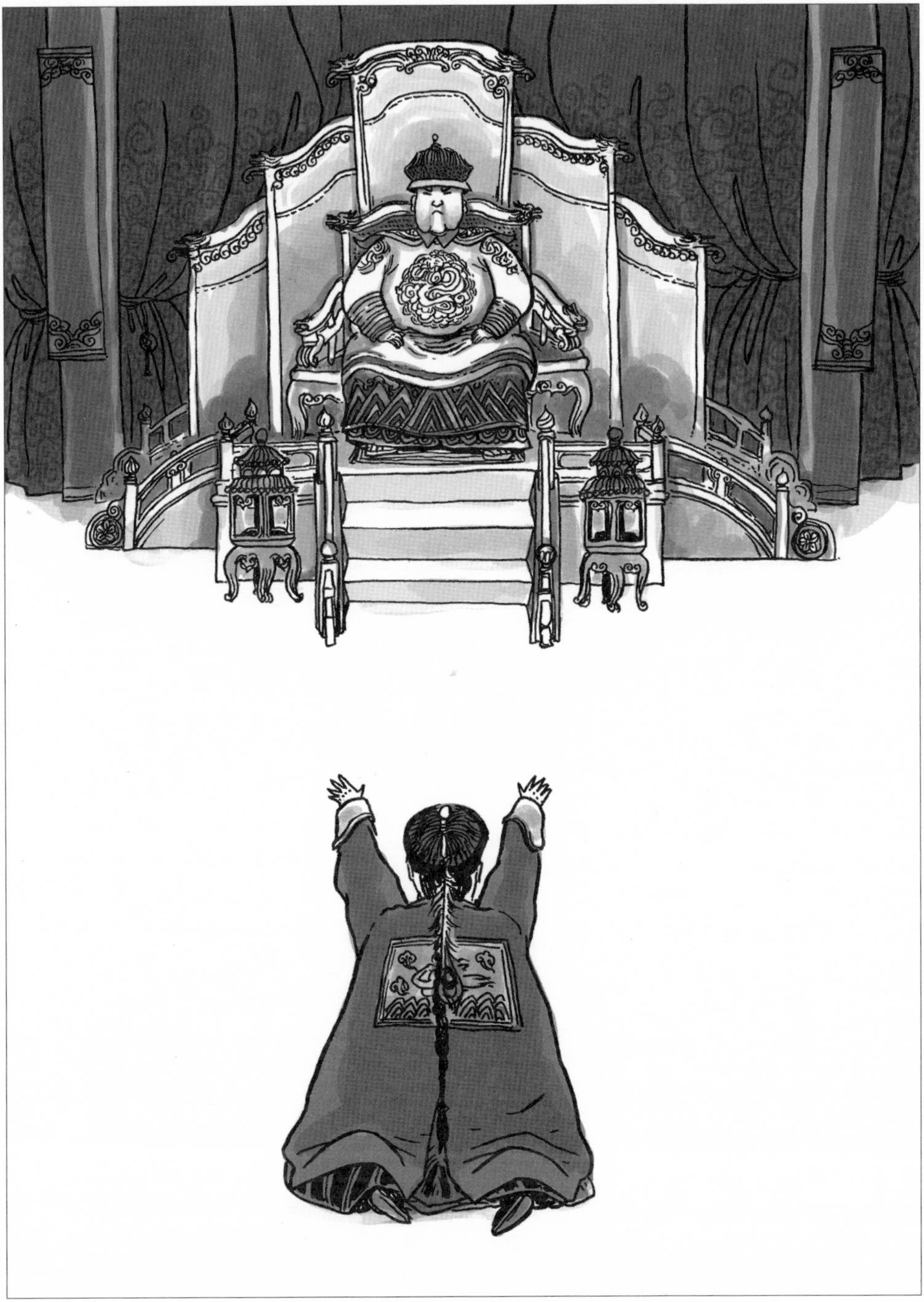

徐胸中激動，感動得難以言述。他遭人誣指的委屈，在這刻終於得以刷洗平復了。

林則徐恭謹的匍伏在地，叩求道光皇帝訓誨。

道光皇帝給他的只有一句話：「照從前那樣做就好了。」

林則徐內心激動，幾乎不能言語。

那是皇帝的知遇與全心信任。鞠躬盡瘁，難報聖恩啊。

這一日對道光皇帝或許是平常的一日，但是林則徐一生為官，謹記的就是這一句——照從前那樣做就好了。

林則徐官場上起起伏伏，外派近三十年，皆一本初衷。

林則徐那年五月出京，直到第二年二月回京，這半年多一點的時間，朝廷授他江蘇淮海道，尚未赴任，又署他浙江鹽運使，接著又提升他為江蘇按察使，主持一省的司法大權。三調三升，說明朝廷已把林則徐破格納入重用之才。

林則徐官聲極好，百姓譽為「林青天」，政績上達朝廷。

道光三年十月，皇帝特予連日召見，給以特殊勉勵。在回程中，沿途地方上重要的大官員都對這位已受皇帝賞識的新人物特加青睞。

道光四年四月，林則徐的母親過世，林則徐立即離任奔喪回里。照例，漢人官吏父母過世，必須請假二十七個月，回鄉下服喪，之後才可再出任官職，這稱為「守制」。但是因為道光五年黃河水患，無人可治。皇帝非用林則徐不可，因此破例發布了起用的旨意。

道光六年，兩淮的鹽務腐敗不堪，道光皇帝譴責有關官吏，再度破例降旨，命林則徐署理兩淮鹽政。林則徐以「守制」期間還沒結束，以及染患疾病還沒痊癒為由，懇辭兩淮鹽政。

道光七年，在父親表示願意離開故里，讓林則徐供養的承諾之下，林則徐於二月離開福建北上。五月初一，奉命任陝西按察使。林則徐因為陝西離福建較遠，不便迎養老父，心裡侷促不安。

林則徐還未上奏，道光皇帝就察知他的衷情，特地給予妥貼的安排，表示將盡速讓他再返江浙，以成全他的孝思。

林則徐曾自述：「不孝則徐望闕叩頭，感激涕零。」

道光皇帝對林則徐依賴甚深，林則徐對道光皇帝感激甚重。君臣遇合，本該是清史上的一段佳話。本該是……

3 道光知遇莫敢忘

道光七年（1827 年）十月，林則徐父親過世，林則徐奔父喪回福建，直到服喪期滿，林則徐才於道光十年四月再度入京。同年六月，他在京奉命補湖北布政使；同年十一月，調河南布政使；次年七月，調任江寧布政使。

在頻繁的調動中，林則徐每到一地，都在數月短促期間內，留下了為人稱頌的德政，博得百姓景仰的盛名。

道光十一年，林則徐四十七歲，十月間，正當他以江寧布政使督辦江北賑災工作時，奉命升任河東河道總督。河道總督是當時最優沃的差職，一般官吏特別垂涎這個職位，如果不是有特殊背景是不能取得的。

林則徐上奏，懇辭河東河道

總督之職。

這日，林則徐的座師曹振鏞入養心殿議事。

道光皇帝見了曹振鏞來，笑了笑，說道：「你來剛好，林則徐上了奏摺，不想接這河道總督一職。」

曹振鏞先是一愣，再仔細思量，便明白了林則徐的用意。

河工繁重艱難，關乎千萬人生命安全，若非有湛深的水利工夫是不能勝任的。旁人若是因此推辭，那還有可能，不過林則徐已是公認的水利工程能手了，這個理由是說不過的。

道光皇帝嘴角一揚。「林則徐還說自己不熟悉河工事務呢！」

道光皇帝笑了，顯見，他也知道林則徐這是過謙之說了。

道光皇帝與曹振鏞互看，兩個人都清楚林則徐真正心意。

道光皇帝說道：「他在奏摺上

說了，河工事務積弊已久，最緊要的，就是除弊；最難的，也是除弊。」

曹振鏞想的正是如此。革除多年積弊，勢必有多方牽涉。林則徐如果沒得到皇帝最大信任，如何能放手除弊？

這些年外派的歷練，讓林則徐做事更為沉穩慎重了。

曹振鏞看道光皇帝臉上並無慍色，試探的說道：「聖上明察。如果真能革除河工弊端，必定是百姓之福。」

道光皇帝嘆道：「朕怎麼會不知道這些外任官員，因循苟且，官官相護的惡習？他們實在可惡透了！正是因為這樣，朕才需要林則徐啊！他外任已經十年，辦事細心可靠，是個幹練之才，經他手辦之事，無不迎刃而解。我對他不只信任，更有厚望啊！」

曹振鏞聽得出道光皇帝對林

則徐的殷切期望，馬上跪拜道：「林則徐有幸，得遇明主。百姓有福，得遇聖君。」

道光皇帝聽他這麼一說，才又露出了笑容。

※ ※ ※

林則徐十二月上任，不畏冰雪冷冽如刀，終日奔走於每個工汛地段，督促官吏、民夫破土動工。他發現夫役挑土的時候，撒下的泥塊會積成長長的泥堆。以往官員都是先放任不管，林則徐卻已設想到，如果不即時清理，不但影響挑運泥土，而且等春天雨水沖刷後，積泥會慢慢流到河裡，致使河水淤積。於是他嚴格規定，每挑完一段，就即時清理一段。

此外，林則徐多次便裝查訪，從農民的意見中，制定疏通、挖深大河水利工程的具體方案，並且親自繪了「黃河萬里圖」掛在工地臨時公堂之上，以便掌握情況，統籌指揮。此舉，使得大小官吏，再也無法敷衍塞責。

一日，他到巨嘉汛工段查驗，發現該地段主簿徐恂督工不認真，竟於工務時間喝酒，放任不理。林則徐破除人情的束縛，當場革除徐恂職務，限期重修翻整。其他人聽聞此事，不待林則徐查驗，連忙自行翻整。

又一日，他到蘭儀廳蔡家樓汛地查驗「垛子」。

「垛子」是一種用高粱稈和楊柳枝，再加上泥土黏合而成的築堤材料。「垛子」既是修堤第一要件，也是河工貪汙、中飽私囊的第一弊端。

林則徐清廉明察的聲望本已遠近馳名，此次種種雷厲風行的舉措，更使得蘭儀廳地方首長于卿保不敢掉以輕心、隨便應付。

于卿保必恭必敬的迎接林則徐，垛子堆疊得整整齊齊，報上的數目清清楚楚。

林則徐聽他唱報的時候，面上並無太多表情。

北方朔風颯颯作響，利如刀刃，冷得讓人難受。林則徐不說話的時候，自有威儀，更壓得于卿保隱隱覺得透不過氣。

于卿保堆上了笑。「天冷，下官備了熱茶。大人，您要不要歇一會？」按照過去河督的習慣，這樣便可算是巡查完畢了。

「不急。」林則徐轉頭吩咐隨從。「垛子的高寬，都要仔細丈量，新舊也要細心查看，如果發現過鬆的垛子就抽出來查驗、過秤。有懷疑的，就拆開來看。」

于卿保頓時傻了眼，從來沒有一個河督是這樣做的。

于卿保還在失神的時候，林

則徐的隨從高喊一聲「是」後，隨即跟著林則徐穿梭於垛與垛的走道之中。

于卿保見狀，急急的跟在後面。

林則徐穿梭其間，不厭其煩，並不是裝模作樣，只看看頭一層的垛子而已。

「這樣一一查核，不是太耽誤大人的時間了嗎？」于卿保心跳加快，想說話又不大敢說，聲音喃喃的含糊在嘴裡。

沒想到林則徐竟然聽到了，說道：「不會。沿河而行，一廳一廳的看、一垛一垛的查，約莫月餘日的時間就可以查完了。」語氣意外的輕鬆。

別人花幾盞茶工夫，就可審查完的工程，他卻願意花上月餘日的時間去做。

于卿保一聽，喉頭發乾，一句話也擠不出來。

「大人。」林則徐的手下查驗出來，有一個垛子是用腐爛潮溼的草料墊底。

于卿保暗暗叫慘，林則徐看著于卿保，當場臉色一沉，喝道：「大膽于卿保！你這是拿老百姓的命開玩笑嗎？」

那震懾人的氣勢，駭得于卿保雙腿發軟，頓時跪下。「卑……職……卑職……」他急出了一身的汗。

「革職查辦。」林則徐冷冷的丟出了這句話。

※　※　※

河工經過林則徐的整治之後，積弊徹底澄清，愈益增進了道光皇帝對他的信任。因此不等林則徐河務告一段落，便在道光十二年（1832 年）二月，命令林則徐為江蘇巡撫。林則徐因河工任務未了，直到五月二十五日才交卸

河東河督職務，前往江蘇就任。

江蘇以往被稱為「魚米之鄉」，但是林則徐接任時，卻不是如此。這是因為清朝入關之後，江蘇的錢漕負擔遠較各省為重。

古代宮廷消費、百官俸祿與軍餉支付的米糧，主要是由水道調運，稱為「漕糧」。漕運經過的地方，都要分擔供給漕糧的責任。官方所徵收的漕糧又須分裝成上千艘糧船，經運河北上，每船須支付巨額的運糧津貼，因此，這些地方州府除了要負擔漕糧之外，還須應付數百萬的運費。漕運沿途，不但有貪官汙吏巧立名目向人民勒索，甚至連運糧的水手亦結成幫派，魚肉糧船所經過的地方商民。因此江蘇地區就算是豐年，也不見往日富庶情景。

近幾年，江蘇又苦於天災不

斷，百姓生活更加艱難。林則徐到任那年，江蘇已是連年大水，特別是淮揚一帶，低窪地區多處被淹。林則徐一方面興堵堤壩，使積水漸消。另一方面領導僚屬捐錢，賑濟災民，並清查非災民而冒充者，嚴懲藉機牟利的不肖分子。

次年，道光十三年七、八月間，江蘇沿江多縣遭受水患。照例，賑款應候勘定災分報請皇帝批准後才可以發給。林則徐以災民嗷嗷待哺，迫不及待，特先行撥款撫恤。此項要求得到道光皇帝批准。

林則徐剛籌辦完這些縣分的賑災事宜後，同年九、十月間，太倉、鎮洋、嘉定、寶山四州縣因秋雨連綿，收成欠佳。他隨即會同兩江總督陶澍上奏，准許緩徵此地錢糧。

十月之後，大雨滂沱不止，

逼近冬至之時，雨雪又紛紛不停，蘇、松、常、鎮、太倉這四府一州因災荒使收成銳減，生計無法維持，百姓幾乎已經到了斷糧的地步。但此區偏偏又是江蘇全省十分之九錢糧所出之地，雪上加霜的慘景，使百姓根本無力繳納錢糧。按例，每年過了九月之後，不許再報災荒。

林則徐面對如此困境，連夜找了陶澍商議對策。

總督府議事廳的蠟燭已燃過半，兩人還在商討研議。

「情況這樣嚴重，還是得據實陳報，懇請聖上緩徵這些地方的錢糧。」林則徐下了決定。

「我也會與你聯銜上疏的。」陶澍表示支持林則徐的決定。他們的情誼向來就好，十月的時候也曾為水災一同上奏。

「那就由下官來上奏。」林則徐親自走訪災區，災民的困境，他是最為清楚的。一想到災民飢寒交迫、惶惶不安的困境，他就恨不得立刻下筆。

「啟稟大人。」陶澍的下人入內稟告。「軍機處遞了廷寄*來。」

陶澍和林則徐面面相覷，接了諭旨。

旨中嚴厲的指責，江蘇地區這幾年來幾乎年年都要求緩徵歲收，以及給予賑災。國家的經費支出都是固定的，哪裡能容得下一年又一年把緩徵歲收的恩典，當成習慣？

道光皇帝另外還斥責地方督撫，說他們不肯為國家承擔百姓的抱怨，不以國計為重要緊急之事，使得表面上看來是國家施恩

放大鏡

*廷寄　雖然名義上是由軍機處寄發，但是內容卻是皇帝告誡官員、指授兵略、責問刑罰等等較為機密的事情，用寄信諭旨。

給百姓，但實際上百姓並沒有獲得益處，緩徵稅收不過是讓底下官員中飽私囊，而地方大官博取好名聲罷了。

道光皇帝承繼帝位的時候，大清國庫已經空虛，因此他相當節儉吝嗇。雖知道江南近年多災多難，但是他仍然先發制人，指責地方督撫無能，為了博取聲名，只知道每年一再要求緩徵。

諭旨中嚴厲的措辭，無疑是徹底關閉了續請緩徵錢糧的門路。

「這……」陶澍和林則徐同時呆住。

陶澍一嘆。「看來是不可能緩徵錢糧的了。」

林則徐脫口說道：「那災民何去何從？」他打從心底不能接受這道諭旨。

陶澍愣了愣，趕緊勸說：「聖上才嚴旨斥責，這節骨眼要是再提緩徵錢糧，冒犯了皇上，只怕連你我自身都難保了。災民的處境，我看了也是難過，要不然我怎麼會把自己的俸祿全部捐出來呢？只是此時此刻不比平常啊！我們為人臣下的，聖上的旨意能不聽從嗎？」

林則徐並不是不明白陶澍說的道理，只是一想到災民，他的心頭就像是被千萬斤石頭壓著。

「則徐啊！你向來是個識大體的人，這次可千萬別莽撞。」陶澍嘆了嘆。「做官難啊！」

「做官難啊……。」林則徐喃喃的重複著這句話。

他自從當官以來，一直蒙受道光皇帝特殊知遇。官位越高、聖恩越重，他越是謹慎小心，不敢恃寵而驕，更不敢虧負道光皇帝的期待與信任。

做官難啊！所以十三年前，他就曾經辭官歸隱，只是那時候多少帶著年少受不得屈辱的意氣用事。往後為官，他但求無愧於心，不只任勞，而且任怨。旁人的謗毀、責難，他全不放在心上。

做官難啊！但是尋常百姓苦啊！他們只能盼望著官員為他們造福。他自求學以來，父親耳提面命的也只有此事。他再度為官，也是為此而任勞任怨。

林則徐輕嘆。官場上，無論他怎樣盡心盡力，總有無奈無力之處。

「至少這個時候，絕對不能跟聖上提起緩徵錢糧的事。」陶澍的說法有些轉圜的意思。

林則徐目光中滿是悲憫與愁苦，竟微微像是有淚。「災民拿什麼熬下去？拿什麼去等呢？」

陶澍被林則徐的神態與語氣打動了，有一刻，他也說不出話來。半晌，他才喃喃的說道：「茲事體大啊！」

此時聯銜上疏，太過貿然躁進。但是錢糧無法緩徵，災民的處境又讓人同情。

「災民要不就是被逼上死路，要不就是被逼上梁山，淪為盜匪。」林則徐清楚的說道。所以無論再無奈無力，他也得一搏。「我還是會上疏的。」

「這、這、這……」陶澍冒了汗。「這不可貿然啊！」

林則徐作了決定之後，心頭反而有種慷慨赴義的泰然輕鬆。「倘若聖上有什麼處分，下官必無怨言，願獨自承受，絕對不拖累大人。」

「唉、唉、唉……哎呀！」陶澍連聲嘆氣，一急卻什麼也說不出來，好半晌，又嘆了一口氣。「你就這麼不顧自己的前程嗎？」語氣中不知道是惋惜、是敬佩，還是不解。

「大人。」林則徐一時難過，忍著淚。「不是不顧，是顧不上啊！」

災民忍飢受寒的苦，讓他難過。倘若置災民生死不管，他寢食如何能安？因此，他只能忤逆皇上聖意，冒犯天子威嚴。

林則徐奮不顧身的撰疏上奏，全文約三千字，婉轉詳盡，幾於聲淚俱下。奏疏感動了素來惜財的道光皇帝，終於使他收回成命。

災荒中，林則徐除了奏准緩徵災區錢糧，另一方面則呼籲官民踴躍捐輸，以增闢賑災來源。

他釐定嚴密章程，動用生員＊參加放賑工作，徹底革除黑幕重重的賑務弊端。

次年，百姓青黃不接期間，林則徐擴大以工代賑的設施，讓

放大鏡

＊生員　等於現在的大學生。

災民參與水利工程興修。

林則徐在江蘇擔任五年的巡撫，除了勤政愛民之外，還排除萬難，改革漕政與水利。江蘇在他的經營之下，由年年歉收，轉為五穀豐登。

據記載，當時鄉間的老婦人與小孩子，大多不曾聽過什麼位高權重的大人物，但是他們都知道，林則徐是位難得的好官。

4 力主禁煙意剛強

道光十五年（1835年）十二月，林則徐奉旨赴江寧接署兩江總督兼兩淮鹽政。道光十七年二月，道光皇帝召見林則徐，擢升他為湖廣總督。

道光十八年，林則徐任湖廣總督第二年，閏四月二十七日，一天之內接到私人信件三十三封。信件來自北京、天津、江寧以及廣州等地。

各地急件不斷，內容全圍繞在鴉片究竟是弛是禁的爭議之上。

鴉片一名阿芙蓉，用罌粟花的汁液製成。遠在唐朝中葉，罌粟已由土耳其和阿拉伯人輸入中國，作為口服的藥材。約在明末時期，藥用的口服鴉片始由南洋商人將鴉片混入煙草，以吸食取代口服。到了明末清初，這種吸食鴉片煙的習慣傳到福建和廣東的沿海地區。

康熙年間，輸入中國的鴉片曾列為藥材，進口納稅。雍正七年（1729 年）以鴉片煙傳播日廣，害人不淺，開始下令嚴禁。往後，有時禁止，有時仍准進口。嘉慶一朝，禁煙政令逐步加嚴，從那時起，進口的鴉片多是暗中走私偷運。

鴉片初入中國時，價錢昂貴，只有最有錢的階級才能購來吸食，因而宮廷受禍最先，王公貴族與皇帝近侍吸食成癮的人很多。隨著英國將印度種植的鴉片大量運到中國銷售，煙價漸低，銷行範圍日廣。不止東南沿海一帶，連內地也到處可見因為吸食鴉片而傾家蕩產的乞丐，或淪為骨瘦如柴的人。

道光年間，大清帝國每年的

稅收不過銀錢四千餘萬兩，而民間因為購買鴉片所花費的銀錢數字，就逼近了國家當年全部財政收入，問題極為嚴重。

中國以銀錢向外國購買毒品鴉片，造成中國存銀逐年急遽的減少，不但影響中國財政經濟，更嚴重摧殘一般人民的生計。清代民間納稅，一律用銀，或按銀價支付錢。舊例，銀一兩等於制錢*一千。可是因為銀量不足，所以道光中季，銀一兩已經等於制錢一千六百。平民主要收入是制錢，銀貴錢賤的局面，使平民納稅的負擔大增。於是，平民逃亡日多，政府不但面對稅收不足的窘境，也得處理四起的騷動。

道光年間，煙禁逐步加嚴，輿論方面根絕煙禍的呼聲也是逐年升高。但是禁煙的聲浪，多發

放大鏡

*制錢　官方製造的錢幣。

自於中層分子。高級官員中，或貪求外夷的賄賂，或懼怕外夷挑釁生事，或本身染有吸食惡癮，力主嚴禁的人很少。

因為當時一般人對鴉片輸入問題，多偏重於它對財政經濟的影響。甚至有部分官員主張鴉片弛禁，讓民間自種罌粟，以遏止銀錢外流的問題。

道光十六年（1836 年）任太常寺少卿的許乃濟，取得了向皇帝直接奏事的地位後，便集弛禁論的大成，公然上摺明請弛禁。

廣東是英國人進口走私鴉片的大本營，而兩廣總督鄧廷楨在覆奏中，不但表示完全贊同弛禁，還擬出九條章程，以便利弛禁政策的執行。

英國當時雇用中國人進入廣東衙門，得知鄧廷楨的密摺內容，無不歡欣鼓舞。英籍煙販以為鴉片即將弛禁，買賣會更興旺，隨即紛紛加碼，將先前一年進口兩萬箱，增至三萬餘箱。次年（道光十七年）更增至四萬箱，中國外流白銀多增兩千五百多萬兩。

此一局面使得禁煙派劇烈反擊弛禁派。道光十八年閏四月初十，禁煙派以鴻臚寺卿黃爵滋為首，向道光皇帝奏請嚴禁鴉片。

黃爵滋提出「吸食鴉片者，當以死刑論處」，以嚴禁鴉片。此空前未有的嚴厲論點一出，震驚了朝野上下。道光皇帝閱奏後，並未立刻表示意見。他降諭內閣，要求盛京、吉林、黑龍江將軍，直隸等各省各督撫，各自發表自己的想法，妥善議定章程，迅速的書寫秉明。

道光皇帝等著各地官員表達看法意見，為此朝中鬧得沸沸揚揚。因為這個原故，林則徐才會在一天之內收到三十三封信。

朝中禁煙派主將多是林則徐

摯友，關於禁煙一事，林則徐與他們早就多有討論。在江蘇巡撫任內，林則徐就曾上奏，以「謀財害命」四字痛責英人販賣鴉片的惡行，提出嚴厲的禁煙主張。

道光皇帝下旨後，林則徐隨即於五月初七上奏，表達禁煙立場。

林則徐考慮道光皇帝必等到各省大吏覆奏到齊，才好斟酌定計。在這段時日，他率先在湖廣地區，雷厲風行的推行禁煙。由於步驟詳實，成效斐然。林則徐的摯友兩江總督陶澍，也隨之響應，開創了禁煙風氣的新局面。

八月中，各省督撫對黃爵滋建議的覆奏陸續到達京師，其中反對遠多於贊成。道光皇帝在徘徊不定中，收到林則徐的奏摺。

奏摺陳述：「若由泄泄視之，是使數十年之後，中原幾無可禦敵之兵，且無可充餉之銀。」

林則徐嚴正的指出，任由鴉片煙氾濫下去，將沒有可以防禦的兵力，也沒有可以繳納稅收的銀兩，國家的軍事與財政必然崩潰。

軍事與財政，乃是國家之本。林則徐的醒世警語，讓道光皇帝悚然心驚，因此堅定了反煙決心。此外，林則徐禁煙的成績，也提高了道光皇帝的信心。之後，道光皇帝展開了一連串的行動，表示他禁煙的堅強意志。

九月八日，道光皇帝降旨，對吸煙成癮而不知悔改的官員，將一體查辦。九月十一日，道光皇帝懲處兩年前公開建議鴉片弛禁的許乃濟。

這幾日，首席軍機大臣穆彰阿府邸出入的人比平時還多。

直隸總督琦善剛進去，就撞到了一臉頹喪的莊親王奕賨。琦善行了禮，奕賨沒跟他說上兩句，只是無精打采的離開。

穆彰阿和琦善都是滿人，也都深受道光皇帝的信任，尤其是穆彰阿，道光八年就擔任軍機大臣一職，蟬連十年，更於去年升任首席軍機大臣。林則徐的恩師曹振鏞死後，朝中最得道光皇帝信任的便是穆彰阿了。

琦善在滿族的地位僅次於穆彰阿。北京位於直隸省，因此清朝各省督撫中，最受重用的便是直隸總督。

穆彰阿與琦善往來極為密切，關於鴉片一事，兩人都從走私買賣中收到不少好處，因此都是主張弛禁的。

琦善等下人通報後，直往內廳求見穆彰阿。

穆彰阿躺在絲絨鋪墊的搖躺椅上，左右四個丫環伺候在旁。他見了琦善進來，便把丫環支開。

「穆中堂＊。」琦善叫了聲穆彰阿。「我看眼前這形勢，越來越嚴峻了。禁煙一事，聖上這次不像是說說而已。」

穆彰阿抬了眼。「聖上哪句話，咱們為人臣子的，可以當是說說而已？」

穆彰阿沒來由的冒了這麼句語氣嚴峻的話，琦善一怔，呆愣了半晌，不知道說什麼才好。

穆彰阿嘴角微微一揚，彷彿在笑琦善太不機伶了。

「你在門口有見著莊親王吧？」穆彰阿說道。

「是。」琦善說道：「莊親王看來精神不大好。」

他們兩個都知道莊親王吸食鴉片已經成癮。近來的氣氛不對，恐怕連莊親王的貨源也受了

放大鏡

＊中堂　清朝內閣的首輔大學士以及協辦大學士都被稱為中堂。

影響。

穆彰阿直說：「他是來跟我求救的。你猜，我怎麼跟他說？」

莊親王知道穆彰阿也吸食鴉片，特地跟穆彰阿要點鴉片來抽。

琦善想了想，皺了眉頭。「這時候觸怒聖上的意思，不大好吧？」

穆彰阿一聽，有了笑意。「我也是這樣想的。所以我送他兩隻長白山的老蔘，還勸他，為了他的身體好，為了國家好，這煙要早點戒了。」

琦善稍微有些意外，但是一會兒之後，對穆彰阿的佩服，更加深切了。

這穆彰阿對聖意體察入微，見風轉舵的本事，只怕是朝中第一。

琦善佩服說道：「中堂真是深明大義啊！」

琦善一臉的討好。「中堂說得對。聖上的話，咱們為人臣子的，自然要盡心盡力的達成。這兩個月，我可是不敢稍有懈怠，整日都在查緝那些走私鴉片的人。我才要跟中堂報告，那天在天津、大沽一帶的洋船上，查獲鴉片煙土十三萬一千五百餘兩，還抓了一批奸商呢！」

其實查緝走私這事情，他心裡是百般無奈，所以才會想來求見穆彰阿，問問穆彰阿他該如何拿捏分寸。抓多了，損失大，心裡不甘；抓少了，又怕聖上不悅。

不過眼下聽了穆彰阿的話，他心裡就有底了。

鴉片氾濫，他們暗中曉得，連皇帝都曾吸食過。不過也許正因為這樣，道光皇帝更急於嚴厲禁止，所以此刻若只是敷衍了事，絕對無法讓皇帝滿意。

穆彰阿大笑。「現在，你就是得跟緊林則徐的腳步。」

笑裡，充滿著他老奸巨猾的世故，可也透著些酸味。

「皇上對他可信任的呢！」穆彰阿忍不住也多說了兩句。「各地上來的覆奏二十九件，其中反對黃爵滋嚴禁主張的占二十一件，贊成的只有八件。林則徐那一件啊……」

穆彰阿頓了一頓。「舉足輕重，扭轉乾坤啊！」穆彰阿笑得詭異。

「林則徐啊……」說到他，琦善嘆了一口氣。「我算是在他手裡栽過的*。」

放大鏡

*嘉慶二十五年（1820年），林則徐擔任江南道監察御史時，曾向嘉慶帝奏報河工種種弊端。嘉慶帝盛怒之下，一紙詔書指責前任河南巡撫琦善督修河工不善，以致弊端叢生，將他褫職議處。

不過琦善的靈機應變，仍讓他重獲重用，往後再一路升到直隸總督之職。

琦善話鋒一轉，說道：「其實這是快二十年前的事情了，我也沒把它記在心裡。後來，林則徐在江臬任職的時候，我是總督，也曾經推薦過他呢！現在大家同朝為官，自然是要一同為聖上分憂解勞。」

琦善言不由衷的說完後，他和穆彰阿心照不宣的笑了。

沒多久，莊親王奕賨因為吸食鴉片被查獲，遭革去王爵，罰俸兩年。九月二十三日道光皇帝降旨，宣召林則徐進京商討根除煙禍之事。

一切，都如穆彰阿所料見。只是林則徐之後受到的恩寵，遠超過穆彰阿的想像。

※ ※ ※

道光十八年（1838年），林則徐五十四歲，十一月初十抵京。從十一月十一日起，到同月十八日止，一共八天，每日清早道光皇帝都召見林則徐，一共八次，每次少則半小時，多則將近一小時。

按例，皇帝日理萬機，召見大臣議事，每次費時不可能太久。林則徐卻連見八次，一次約在半小時到一小時間，這可說是例外中的例外。

按照清代上朝的禮儀，臣下向皇帝奏事，必須跪奏，年紀大者，或奏事時間長久的，得特准於下跪的地方鋪上氈墊，以示體恤，這算是一種「恩遇」。林則徐八次被召見，皆上氈墊。

更難得的是道光皇帝特賜林則徐得「在紫禁城內騎馬」。常例，百官從東華門進入紫禁城後，只許步行，唯有時常入宮奏事而年過六十以上的大官，經皇帝特賜紫禁城騎馬後，得騎馬代步，不能騎馬的文人則改坐轎子；外地官員偶然入覲，是不容易得到這種「殊遇」的。

道光皇帝為了提高林則徐的權威，使他能有效的執行政策，對林則徐破例而重加優遇。十一月十五日，道光皇帝頒布詔諭：頒給林則徐欽差大臣關防*，前往廣東，查辦海口事件。

數十年來，所有關於海口走私鴉片的問題，總是責成廣東督撫就地處理。道光皇帝為了徹底禁絕鴉片，乃特派林則徐為欽差大臣，親赴廣東查緝。

清朝開國之初，曾三次簡派*欽差大臣，頒布關防，後來便未再派，現在重行隆重難得的宏恩厚澤，更可見道光皇帝杜絕煙禍的決心。不過考量此事，必

放大鏡

***關防**　刻有政府機關全銜的印信。

***簡派**　公家機關派用人員的一種官等，多用於臨時機關或有限期之臨時專任職務上。

然與英人有所交涉，故詔諭含糊的以「查辦海口事件」把鴉片問題含括在內。

道光皇帝頒布詔諭之後，又特地降諭給兩廣總督，責其和欽差大臣通力合作。此外，更將首倡嚴刑禁煙的黃爵滋擢升為大理寺少卿，種種舉措，都是為了壯大禁煙的聲勢。

林則徐受道光皇帝委以重任，在京短短十三天，除了進宮召對之外，無日不與朋友會面周旋。

十一月十九日，林則徐晚上拜見了軍機大臣王鼎。王鼎是曹振鏞死後，在朝中最支持林則徐的一位大臣。

王鼎備了酒菜款待林則徐。他舉杯敬林則徐道：「則徐，我為聖上、為社稷、為天下蒼生，敬你一杯。感謝你……」老邁的王鼎心緒複雜，話語就這麼哽在喉嚨。

他頓了一下，豪邁瀟灑的乾了酒，至誠的說道：「感謝你，為禁煙的事情奔走。」

王鼎看到林則徐擔任欽差大臣，心裡覺得欣慰、快意，卻說不出「恭喜」兩個字。一方面，他為國家高興，但另一方面，他卻為林則徐憂慮。

聖上的恩寵有多重，林則徐所面臨的凶險就有多大。

林則徐看出了王鼎的心事。他飲了一口酒，坦言道：「欽差一職，我是跟聖上懇辭過的。」

王鼎愣了一下。林則徐接口：「我所憂慮的不是個人的禍福榮辱，而是因為此事關係國運前途，許成不許敗。我出宮的時候，遇到琦善大人，他還特地跟我說，要我不能因為此事觸怒英夷，開啟雙方戰爭。」

王鼎怒得揚了眉。「琦善和

穆彰阿，他們兩個人這次可忌妒你了。你去禁煙，又擋了他們的財路，他們巴不得找個機會，狠狠拉你下臺。不過你別擔心，儘管放心的去廣東，皇上那裡我替你頂著，絕不讓他們在京中扯你後腿。」

王鼎說得一片肺腑，慷慨激昂。

林則徐聽得感動，微微一笑。「不管怎麼說，與外夷應對，的確是棘手的大問題。四年前，英夷曾在我廣東海域出入，砲轟我虎門砲臺。英夷所憑藉的僅僅是兩隻夷船，我方竟不能擊退。我海防空虛，莫怪夷人有恃無恐，氣焰囂張。」

說到後來，林則徐感慨萬分。「夷人明著來的是砲火威脅，暗著來的是鴉片毒害。我堂堂華夏，若不能掃蕩鴉片流毒，不用等夷人大砲轟擊……」

林則徐不再說下去，王鼎卻心直口快的接了：「早晚我大清就這樣亡了。」

兩人四目相接，一下子陷入沉重的寂靜。這本該是心照不宣的焦慮憂愁。

王鼎終於壓不住心頭的憤慨，顫抖的手往桌上一拍。「亡在居心叵測的外夷手裡；亡在京城到廣東那層層收賄的官員手裡；亡在本該捉拿走私犯，卻包庇奸商的廣東水師手裡；亡在那貪圖厚利，居中買賣的洋行手裡；亡在那終日吸食鴉片，精神萎靡的煙鬼手裡。」

這就是禁煙的萬般困難，若要成功勢比登天還難。

王鼎說到後來，眼淚掉了。

林則徐忍著，神色莊嚴的說道：「相國，眼前縱是千軍萬馬，則徐縱是孤身一人，也絕不臨陣脫逃。」

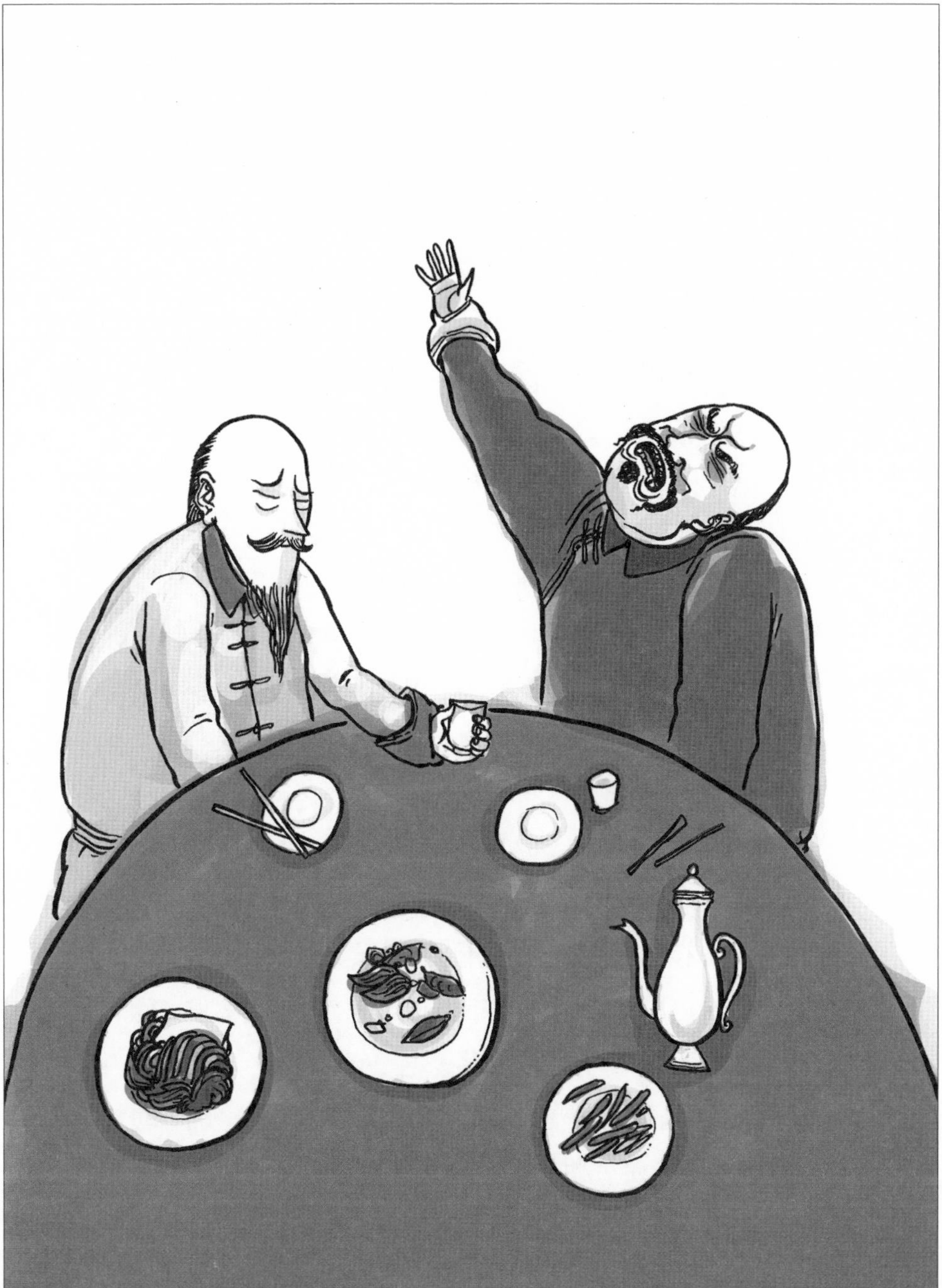

那奮不顧身的無懼神態，不是基於一時的慷慨激昂，而是基於國事千秋的肅穆凜然。

王鼎為這樣不凡的氣度所懾服，他擦了淚，羞赧一笑。「在你面前哭了，倒是慚愧。」

林則徐臉暗紅，為王鼎的坦率赤誠而感動。「相國言重了。則徐又豈無男兒淚？」

王鼎豪邁的揚了笑。「我們都不哭，好好的喝上一杯。敬你幹的這番轟轟烈烈的大事。我聽說兩廣總督鄧廷楨，之前禁煙的心意雖是不堅，近來查緝的動作倒是積極。希望他能與你真誠合作，不讓你孤軍奮戰。若不是這身皮囊老朽，我也恨不得與你前去廣東，同生共死。」

嘴角雖是笑著，老王鼎的眼眶卻還是潮溼。

「這杯我乾了。」林則徐一飲而盡，眼睛紅了。

此刻就痛快共飲吧！沒人知道今夜之後，兩人是否還有再見之時。

5 運籌帷幄排萬難

林則徐正式離京之前，密派一批懂得洋情的幹部，先趕到廣東，囑咐他們盡量蒐集關於洋人的情報，包括有關各國的國情、外籍煙販的活動、華籍奸民與外商勾結的情況，以至於各級官吏及各衙門公差、文武官員等納賄縱私的行為等等。

道光十八年（1838 年）十一月二十三日正午，林則徐在京啟用欽差大臣關防印信，發傳牌，由正陽門出彰儀門，啟程南下。

林則徐還沒來到廣州之前，他受命為欽差大臣的消息，於十二月初七日傳到廣州。道光十九年正月十一日，林則徐整合收集到的情報，從江西泰和縣發出一封密劄，趕寄給廣東布、按兩司，命令他們密拿所開列的煙販，其中多人在公門任職，表面上緝拿走私，實際上卻自己從事販售。

密劄上呈到了兩廣總督鄧廷楨手裡。

鄧廷楨是江蘇南京人，道光六年任安徽巡撫，政績卓著，道光十五年升兩廣總督。以年齡說，鄧廷楨長林則徐十歲；以科名論，鄧廷楨比林則徐早取得科考功名；以做官的資歷言，鄧廷楨被封在地方上擔任大官，也比林則徐早了六年。

鄧廷楨喃喃唸著林則徐所開列的人犯名單與犯罪事宜。

「捐職*都司王振高……。」

這個人，鄧廷楨是知道的。兩年前，道光皇帝曾降旨責成鄧廷楨查究此人是否有暗開窯口、販售鴉片之事。

放大鏡

*捐職　指花錢買官。

當時，鄧廷楨以王振高在他底下多年，效用得力，獲案甚多為由，替王振高擔保。

而林則徐這次，人還沒到，就已經先拿王振高等人殺雞儆猴了。

「王振高……住家兩處，一在市橋，一在永清門外新沙三板橋對過小巷南頭路西……道光十四年，捐都司，嗣京管駕巡船，包庇走私，每煙土百斤，收規洋四十元。與羅姓在新豆欄迴瀾開東昌洋行……。」

林則徐列出的事項詳實，絕非子虛烏有，憑空捏造。這樣的資料讓鄧廷楨不得不承認，他真的被王振高這批人給矇蔽了多年。

鄧廷楨唸道：「林則徐倒真是個精細厲害、明察秋毫的人。」為官多年，他和林則徐雖然不熟，但多少有些私誼。林則徐辦事的手段，是他真的得服氣的。

兩年多前，他曾上奏要求弛禁鴉片。當時消息一出，廣東地區吸食鴉片情形驟然惡化。他逐漸覺察情勢不對，皇上指責態度也趨嚴厲。近來，他也力圖振作，只是這層層積弊，多少讓他有些使不上力。

林則徐來廣東，對禁絕鴉片……應該是好事。

想到這層，鄧廷楨的心緒隱隱是有些複雜的。

就在這時候，底下人來報，說是水師總兵韓肇慶求見。

韓肇慶是他一手提拔的人，關係與他親近。

「讓他進來吧。」鄧廷楨想了一下，把密劄收了起來。

韓肇慶進來時，正好看到鄧廷楨收起密劄。

林則徐列出了要捉拿的名單了。這件事情，韓肇慶透過管道，已經有所聽聞。

韓肇慶的本事，比鄧廷楨想的還厲害。

他利用自己在水師的職務，和英國煙販約定，每輸入萬箱鴉片，交數百箱給水師。水師再以緝私所獲為理由，呈給上級報功。甚至，他會以水師船代運鴉片，按箱索賄。於是他一方面發財，一方面升官；進而一方面索賄，一方面行賄，以確保自身的榮華利祿。

韓肇慶挺起胸膛說道：「稟報大人，水師巡船又傳捷報，攔截英夷企圖走私的鴉片一百二十箱。」

「很好。」鄧廷楨清了清嗓子說道：「欽差大臣要來了。你務必全力配合，共同為國效力。你好好辦，拿出成績，別讓欽差大人……失望了。」

鄧廷楨到底不想讓林則徐看

輕了他的辦事能力。

「這個自然。」韓肇慶面露懊惱的說。「本來我們一直密切觀察英夷查頓，就等蒐集到他走私鴉片的事實，將他繩之以法。誰曉得，他逃得這麼快，功虧一簣，沒能讓欽差大臣看看我們的本事。」

查頓，英國人。是當時廣東最大的鴉片走私頭子。兩廣總督鄧廷楨曾多次想將他驅逐出境，查頓卻依然待在廣州不走，猖獗的進行走私。

不過一聽聞林則徐將來廣州，查頓隨即遁逃回英國。

想到這件事情，鄧廷楨的口氣不自覺變得嚴厲：「別跟我說大話。我們要真有本事，欽差大臣還會來廣州嗎？」這就是他心頭隱隱不舒服的地方啊。

韓肇慶吶吶的說：「是，屬下必盡全力，讓夷人沒有走私機會。」

鄧廷楨不作聲，輕哼了一聲。

※ ※ ※

道光十九年（1939 年），林則徐五十五歲，於正月二十五日行抵廣州。他一登岸，官民爭睹，岸上人山人海。

兩廣總督鄧廷楨率領廣東巡撫怡良、海關監督豫堃、水師提督關天培等文武官員，共同迎接林則徐。

林則徐除了與鄧廷楨親切交談之外，更激動的扶起水師提督關天培。

關天培年約六十，出身行伍，是個剛正魯直坦率的漢子。林則徐於江蘇就任時，關天培便在他手底下任職總兵，兩人共事許久，早有情誼。

此次見面，彼此交談寒暄，

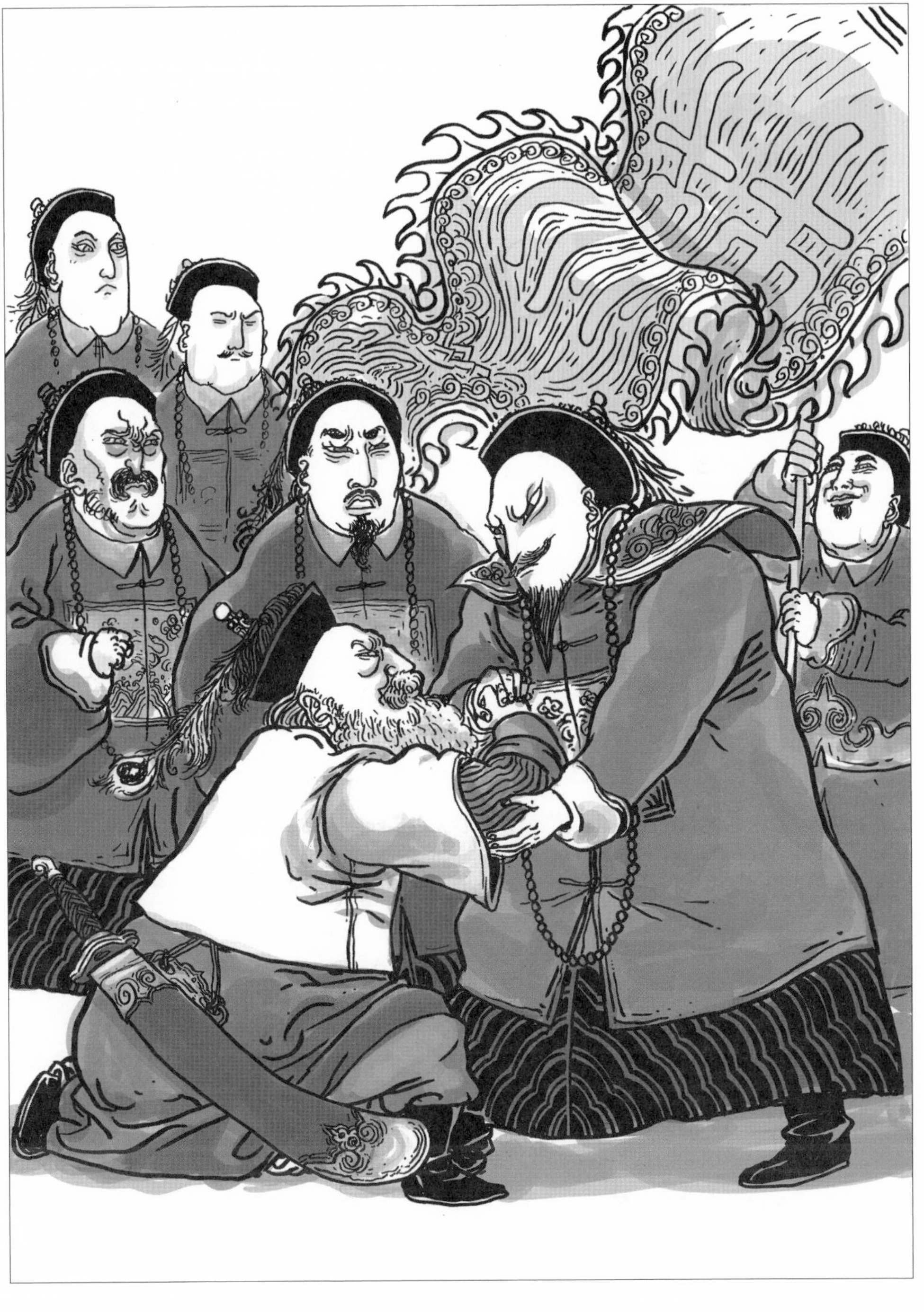

氣氛融洽。

欽差的行轅*設在越華書院。當天，林則徐一一回拜了迎接他的所有官員，直到深夜才回到書院安寢。

隔天，林則徐貼上告示，公開表示不接受地方任何供應，也不許奸人藉欽差名義騷擾人民，並嚴格限制隨從人員，不許擅離左右，徹底杜絕不肖人等企圖打點關說及在外招搖或洩漏機密。

前七天，林則徐除了頭一、兩天曾出外答拜訪客外，其餘各日，都深居行轅裡。偶爾接見必須諮詢的客人，並與有關文武官員商議。此外，林則徐還透過鄧廷楨的介紹，找來兩名翻譯人員，翻譯外國書籍報紙，從而了解外情。

放大鏡

*行轅　大官外出時所駐的地方。

第八天，林則徐將勾結外商、走私鴉片的十三個商行負責人都集中在越華書院附近暫住，並禁止外商離開廣州。

接著，林則徐傳訊了十三行的負責人。

這些行商藉著私販鴉片，累積鉅額財富。按當時外國人的推估，為首的行商伍浩官可能是當時世上最富有的商人。

伍浩官人雖待在廣州，卻絕對不是沒見過世面的人，京裡的達官貴人收過他好處的也不少。偏偏對林則徐，他是半分錢都不敢送上，只怕送了錢，還要誤事。

林則徐傳訊行商，伍浩官帶頭跪著。

林則徐劈頭就問：「廣州的鴉片問題依你們看，是嚴重還是不嚴重？」他的語氣算不上是嚴厲，但面無表情，讓人更難揣度。

行商面面相覷，不知道怎麼回應才是最好。

說不嚴重，那是睜眼說瞎話；說嚴重，行商似乎又難逃干係。

伍浩官想了一下，恭敬的說：「我們都是老實的生意人，鴉片怎麼進來的，我們實在不知道。水師巡船天天在海面上巡查，諒夷人也不至於太過囂張。」

伍浩官三言兩語把話帶過。一來，林則徐查無實證，不能說他們協助英人走私；二來，他把水師拉下水。要林則徐該嚴辦的話，就先去抓水師，別從他們身上開刀。

這番狡猾的應對，讓其他行商內心暗暗的鬆了一口氣。

一旁水師的相關人員——提督關天培和總兵韓肇慶臉色卻是難看。鄧廷楨這樣一聽，心頭也不是滋味。

「查頓，你們是知道的吧？」林則徐輕哼了一聲。「他的船進口，是誰替他具結*聲稱沒有攜帶鴉片？他住的夷館是誰為他蓋的？誰租給他的？誰替夷館雇用打雜人員以及工役？這些是行商的事情，不是水師的事情吧！哪些人跟外夷往來，買賣鴉片，你等行商竟然不聞不見嗎？」

行商無言，林則徐呷了一口茶。「你等呈報，說跟夷人交易是以貨易貨，還說，每年交易之外，夷人總應該找內地洋錢四、五百萬元不等。如果真是這樣，為什麼近來夷船並無攜帶新洋錢到港，而內地洋錢日少一日？哪裡是什麼以貨易貨！分明就是以紋銀出洋，以鴉片入口。」

聽林則徐這麼說，伍浩官暗

放大鏡

*具結　對官署提出負責的文件。

自捏了一把冷汗。林則徐雖是初來廣州，但是掌握的事情，遠比行商們想的精深。

林則徐的語氣越見嚴厲，行商的心頭也緊緊懸提著。

「之前有七隻三板船，因為你等屢屢秉奏，才准許他們通行，可上面竟然攜帶火藥。挾帶火藥之事，你等怎麼說？是知還是不知？」

林則徐又是一問，行商心跳再加快。

林則徐怒聲喝道：「如果不知道這件事，要你等何用？如果知道這件事情，那你等罪不容誅！」

語畢，林則徐把茶杯一摔，砰的一下，行商的心頭「鼕」的一震。嚴厲的氣氛下，有人軟了腿。

「你等竟然以為一句什麼都不知情，就可以將所有罪行推託！伍浩官，你有多少稻田、住

宅、店鋪、銀號，以及在英、美船上的貨物值多少錢，怎麼來的，本部堂一清二楚。」林則徐再看了伍浩官一眼，嚇得他說不出話。

林則徐站了起來，在跪著的伍浩官等人看來，更顯威儀。「聽好，我給你一個建功贖罪的機會。我這裡有一份給洋商的諭帖，你等交給洋商，告知他們將囤積在船上的鴉片編造清冊，盡數繳官，驗明後燬化，以杜絕鴉片之害。另外，還要夷人提出負責的文件，表示往後不再販煙。一但查出來再有走私的情形，貨物全數沒收，人員隨即正法。」

這番傳訊下來，伍浩官知道林則徐不是裝腔作勢而已，心頭愁苦不已。洋商怎麼可能甘心把鴉片都繳出來呢？

林則徐接著又道：「我給你們三天時間，要洋人繳出鴉片。辦不好這件事情，本部堂立即恭請王命，將你等罪孽深重之人，抄家正法！」

伍浩官一聽，只覺得眼前一片漆黑。他軟了腿，目光正好跌在碎落的茶杯上。他不自覺的摸了摸自己的脖子，手心一片冷冷涼涼。

※　※　※

數日後，林則徐在鄧廷楨和水師提督關天培等人的陪同下，前往軍事要地虎門，視察水師的軍事布防。

視察時，鄧廷楨和林則徐說到夷人繳交鴉片的情形。「林大人真是不簡單。」鄧廷楨真心誠意的說道：「夷人已經上稟，說是願意繳交一千零三十七箱鴉片。雖然離真實數目還有一段距離，但是能這樣已屬難得了。」

親眼目睹林則徐提訊行商，

讓鄧廷楨真的服了林則徐。更讓他感佩的是，林則徐並不因循姑息，仍然繼續施加壓力，要洋商盡數繳交鴉片。

「是啊！」關天培豪邁的說道：「大人那天好威風哪！」

那天行商在言語間想把水師拖下來，他身為水師提督，心裡實在是悶啊！好在，林則徐算是替他出了一口氣。

其實，水師問題重重，關天培並非不知情，只是他孤掌難鳴啊。

「我的威風是假的。」林則徐突然低嘆。

「就像這些大砲。」林則徐看著布防的砲臺，有感而發的說。「外表還像個樣子，但是萬一真的跟夷人硬碰硬的話……。」

鄧廷楨沒想到林則徐這樣坦直的說出這些，一時愣了。

廣東地區有很多不利於鄧廷

楨的流言，都說鄧廷楨也收受賄賂。

林則徐透過他所獲得的情報，以及這些日子的觀察，他相信鄧廷楨雖然被手下的人矇蔽，但倒還不至於收賄。

禁煙這事，困難重重，加上官場上爾虞我詐，他身邊能協助他的人實在不多，林則徐只能赤誠相待，以獲得鄧廷楨的全力協助。

林則徐看著鄧廷楨，說道：「我是嚇住了那群行商，但是要整治夷人，哪裡那麼容易？繳交鴉片的事情，我聽說顛地從中作梗，煽動其他洋商拒繳。」

鄧廷楨接口：「顛地這人，是僅次於查頓的鴉片頭子。因為他所帶的鴉片最多，不甘損失，自然不願意繳交。這人非捉拿不可。」鄧廷楨口氣強硬。

「抓是要抓，只是還有其他

問題。」林則徐憂慮的說道：「這兩天英國的商務監督義律從澳門來了。他是英國的官方代表，之前也曾經表達合作禁煙的善意。我本來以為他會約束煙販，沒想到他這次來不但布置一艘軍艦在廣州外海，還直接下榻在顛地的住處。就怕他不但與煙販關係非比尋常，甚至將以武力作為煙販的後盾。夷人狡詐，情勢多變。」

鄧廷楨也明白事情的複雜，心頭沉了。

「欽差大人在這裡，任他夷人怎麼狡詐，怎麼多變，我們都不怕。」關天培朗聲說著。他素來相信林則徐的能力。

「欽差大人這頭銜是好聽，但我總歸只有一個人，頂一個腦袋來。」林則徐明白的說。「我離京之前，早已奏請朝廷欽定禁煙條例。如今數個月都過去了，這條例仍然沒有下文。」

就算林則徐不說，鄧廷楨和關天培也能猜想得到，這一定是京中權貴從中牽制。

林則徐初來，鄧廷楨只看到林則徐的威風八面，春風得意。共事以來，他才逐步感受到他是怎樣的如履薄冰，任重道遠。這讓他更加欽佩林則徐。

林則徐沉重的說道：「如今我行事，依憑的是天理，不是法制。此事要成，不是單靠我一人就可以的。」說著，他一手拉著關天培，一手緊握住鄧廷楨。

鄧廷楨突然被他一握，呆呆的愣住。

林則徐直望著鄧廷楨與關天培。「此事要成，非勞累二位不可。」他語氣赤誠，近似懇求。

鄧廷楨一聽，心緒激動難平。「這沒有第二句話。老夫必定竭盡心力，全力合作。」

「我也沒第二句話。」關天培

心中一股豪情被激出。「我這顆腦袋，大人什麼時候要，就什麼時候拿走。」

林則徐握緊他們，難以言語。

「不好了！」林則徐的隨從急急趕來。「啟稟大人，顛地逃了。」

這個消息讓在場的三個人臉色頓時一僵。

林則徐鬆手，簡單的下了命令。「務必捉拿回來。」

林則徐的隨從一走，關天培跪了下來。

「可惡！」關天培老臉暗紅，痛聲咒罵。「水師有內鬼，那夷人才逃得走。是我沒管好，大人儘管罰我。」

林則徐急急拉他起來。「別這樣，我知道你盡力了。夷人以財貨鴉片腐化我水師精神，這問題，我本來也不想躁急處理。因為這問題，輕不得，重不得。處罰輕了，養虎為患；處罰重了，人心惶惶。」

林則徐說出了關天培和鄧廷楨心中的為難。

「不過這問題不能再拖了。再縱容水師與夷人私通，非但煙禁不了，海防也守不住。」林則徐嚴正的說道。「如今重要之事有兩件。第一件，我打算舉辦一場『觀風試』，模擬鄉試，要全省士子提出禁煙建議，並舉發貪瀆的水師以及所有煙販、煙館、煙徒，依其所舉，核實查辦。第二件，就是要募款，添購砲火，充實海防。對外夷製造船砲的技術，我們也還要再留心知曉才行。」

林則徐雖然是為了禁煙的需要開始吸收外情，但是漸漸的，他也隱隱的感到西洋許多新知識，是不同於古老的中國的，甚至，或許是超前於中國的。中國人得知道也得吸收外國的學問，才能既不恐懼也不輕蔑的跟上西洋。

6 虎門銷煙國威揚

林則徐一面下令逮捕顛地，一面提訊伍浩官，怒斥其與夷人勾結。顛地能逃走，固然和水師私放有關，但伍浩官其實也受義律所託，在百般無奈下為顛地穿針引線。伍浩官深恐林則徐追究起來，又給他一個「罪不容誅」，於是自願獻上部分家產，增添虎門軍備，以求保住項上人頭。

林則徐再度要伍浩官轉達義律等人。如果洋商不肯據實繳交鴉片，將進行封艙，停止所有對外貿易，一概不准上下貨物。

義律等人仍頑強抵抗。林則徐除了以強硬的態度執行封艙，還下令在商館服務的中國雇員撤離。中國僕人、廚子、苦力和買辦數百人，一接到命令，隨即撤離，留下空空蕩蕩的商館。

之後，林則徐根據線報，截回了逃走的顛地。

林則徐隨即採取了更嚴厲的部署，封鎖商館對外交通，並派兵圍守。廣場上，安排穿著醒目制服的兵勇吹號敲鑼，通宵巡邏。商館的後面，裝備著火銃和火藥筒的步兵排列在街道兩旁。沿河一帶，由無數小船團團圍住，切斷洋商與港外軍艦、走私船隻的聯絡。

林則徐雖然並未斷絕商館食物和飲水的接濟，但是緊繃的氣氛，仍然讓洋商坐立難安。

林則徐除了以威勢逼迫洋商，也試圖曉以大義。他另外下諭令：只要外國人肯交出四分之一的鴉片，中國雇員就可以回到他們那裡工作；交出一半以上，便可讓外國人搭乘從黃埔到澳門的渡船；交出四分之三，看管可以撤除；一但全交，正常貿易就可以恢復。

如此僵持了幾天，美國商人首先表示願意繳煙，繼而義律也屈服在這情勢下。

義律以英國政府的名義盡量收集各煙販的藏煙交給林則徐，逕行向英商宣布，繳多少鴉片都領有收據，將來可憑收據要求補償，費用則由他本人和英國政府共同分擔。

表面上看來義律似乎是代表英國政府不保護鴉片走私，但是實際上，卻是將英國政府拖入鴉片走私的貿易中。今後英國政府如果不對煙販負責賠償煙價之責，就得以實力向中國政府索賠。

洋商繳煙的問題一確定，林則徐轉而加強廣東省內禁煙的措施，除了加強鴉片煙具和煙土的收繳，並悉心配製斷癮藥材，提供有癮者服用。

二月二十七日，林則徐和地方文武大員由水路赴虎門，執行繳煙工作。從二月二十七日開始收煙到四月六日止，共三十八天的時間裡，總共收繳了一萬九千一百八十七箱又兩千一百一十九袋鴉片，將近兩百三十萬斤之重。

林則徐奉道光皇帝指示，於四月二十二日（西曆6月3日）在虎門開始進行銷煙工作。

當日，虎門山丘人山人海，軍民同歡，敲鑼打鼓，舞龍舞獅。自林則徐到廣東，不過約一個月的時間，不動干戈，不發一兵一卒就讓洋商答應繳煙。那些鴉片商人向來憑恃武力與財力，在中國耀武揚威，今日竟然屈服，這勝利非但難得，更是空前，大快人心。

林則徐特邀各國觀禮代表在

山丘涼亭觀看銷煙。

午後兩點，關天培把黃龍令旗一揮，砲響三聲，五百名銷煙武官赤膊上陣，個個生龍活虎的忙了起來。所有的人忙而不亂，在嚴密監督指揮下，滾滾硝煙直衝藍天，旁觀者人聲沸騰。鴉片流毒害得許多人傾家蕩產，多數百姓是深惡痛絕的，此刻群情激昂，歡聲雷動。

各國觀禮者也為之動容。

林則徐為了銷毀這大批的鴉片，想了個特別的方法。以往燒毀煙土的方法是拌桐油用火銷化，不過燒過仍有殘膏滲入地下，受不了煙毒之苦的人，便會掘土取膏吸食。

林則徐則是命人挖了兩個大池，底下鋪上石板，四周攔樁釘板，不許有滲漏情形。池子前面挖一個涵洞，後面通一道水溝，以利漲潮時引水沖刷。浸化的方

法是先引水入池，灑鹽巴成為鹵水，再將鴉片切成四瓣，投入其中浸泡。等半日後，將整塊石灰拋入池中，池中便沸騰起來，再用人力攪拌。

此刻，銷煙的武官便是在攪拌池子，惡臭衝天，硝煙滾滾。只等顆粒盡化，一待退潮，開啟涵洞，讓池中之物流往大海。

鄧廷楨心頭一動，跟林則徐說道：「這真的是太不容易了！兩百三十萬斤的鴉片，夷人都以為這驗收過程，必定會有中飽私囊之事。誰知層層監督下，未少分毫。此批鴉片價值一千多萬兩白銀，夷人又傳說，我們將使鴉片合法，將巨量的鴉片轉售獲利。誰知道你徹徹底底的將鴉片銷毀，痛痛快快的沖入大海。」

林則徐昂然的說道：「這惡毒之物，務必鏟盡。不讓它汙染我中國一寸土地，不讓它奪我百姓半條性命。這還只是開始，外夷還沒照示具結，允諾往後一旦查出仍攜帶鴉片來華，貨物隨即由官方沒收，人即正法。聖上禁煙條例還沒頒定，水師以及軍備尚未整頓，關於禁煙之事，還有一樁樁、一件件待辦。」

鄧廷楨知道，還有諸多力量在牽制著林則徐的禁煙大計。

林則徐並不因此頹廢，他仍為此刻振奮，仍為未來激昂。「煙一日不禁，我一日不回，誓與此事相始終。中外同觀，神人共鑑。」

「說得好！」鄧廷楨定下心志。「我與你同進退！中外同觀，神人共鑑。」

兩人相視而笑，目光中卻隱隱蓄著複雜萬端的淚光。

觀禮的外國人中，有一名美籍傳教士——裨治文牧師。他在當月的《澳門月報》裡，為銷煙一事作了精采的報導，並加了這樣一段話：「其全部工作進行中所憑藉之嚴謹與忠誠的程度，實在出於我們意料之外；我們無從想像世上可有比這個更見忠實執行的任何事情。」

※　※　※

道光十九年四月初六，林則徐調任兩江總督。為完成禁煙事業，林則徐以欽差大臣兩江總督身分，繼續查禁鴉片。五月，林則徐苦等多時的「禁煙條例」終於頒行。由於受到內部暗中牽制，以至於條文表面雖嚴格，但是漏洞甚多，更使得鴉片販子以為仍有機可趁、有洞可鑽而心存觀望。

林則徐深知，若要使鴉片絕跡，必得重新整頓水師。他考量水師在這數個月以來，已能奮發盡職。此時如果全面徹查，株連必多。在人人自危的情形下，並不利於對外戰鬥。因此，林則徐決定從其中罪孽深重的幾名下手。

林則徐積極採訪輿情，透過「觀風試」中士子的集體舉發，掌握韓肇慶等多名水師敗類罪狀。這些人若是依法處理，當處以極刑，只是鄧廷楨也將因此負上失察瀆職的重大過失。而鄧廷楨此時已成為林則徐最重要的幫手，若鄧廷楨因為這樣離職，將來繼任者未必能像鄧廷楨一樣推誠合作。權衡輕重之後，林則徐只奏請將韓肇慶革職，並分別肅清其餘黨。

水師並不因這些案子的從輕發落而再敢胡作非為，反而感激圖報，踴躍效命。此外，林則徐又積極延攬漁民蜑戶*中的精壯之士，編組成隊，加以訓練。這種種作為，都是為了加強戰備，以防備夷人恃強動武。

夷人方面，義律雖然已經繳煙，但始終抗拒照官方文件格式書寫，保證不再走私。一來是因為印度等地鴉片存貨尚多，仍打算陸續進到中國。倘若照清政府所要求的以書面保證不再走私，走私船一旦被抓，義律必無從應付；二來是義律向來意圖取得在華的治外法權，使得英國商人活動可不受中國律法限制，因此也不甘接受林則徐的約束。

林則徐雖以肅清鴉片為志，但並無擴大雙方衝突之意。因此，即便是顛地等人，他也只是採取驅逐出境的方式，並不清算舊帳。面對態度狡詐反覆的義

放大鏡

＊**蜑戶**　蜑戶散居在廣東、福建等沿海地帶，向來受政府的歧視，不許到陸上居住，不列戶籍。他們以船為家，從事捕魚、採珠等勞動。明洪武初始編戶，名曰「蜑戶」，被視為賤民。至清雍正年間，始被解放為良民。

律，他也始終耐住性子，沉著應對。

而顛地等鴉片頭子返回英國之後，聯合查頓之輩，全力向英國各方活動，力圖促成英國政府和國會侵華的決定。而義律更打算擴大中英之間的緊張局面，為英國對華動武侵略找一個藉口。

義律一方面縱容海上船隻販售鴉片，暗中抗拒林則徐的禁煙措施。一方面拖延具結要求，而且不讓英船進入黃埔貿易，以維持雙方緊張關係。

在雙方關係陷入低潮時，發生了林維喜命案。

五月二十七日，一群到尖沙嘴村買醉的英國水手和當地村民起了衝突，打傷了林維喜。隔天林維喜不治身亡。村民譁然，鬧到官府。出事三日後，義律曾懸賞調查兇犯及詳情，出款撫恤林維喜家屬，準備自行審判。

七月，義律自行開庭審判。只審訊五名幫兇水手，各處以輕微的罰金和短期監禁。林則徐為此事震怒，幾度要求義律交出兇犯。

這日，義律帶著英國律師到欽差行轅，拜見林則徐。林則徐以鄧廷楨推薦的袁德輝作為翻譯人員。袁德輝是澳門人，二十一歲。

雙方暗暗打量對方，禮貌寒暄一番後，林則徐直接切入正題。「按我《大清律例》，林維喜命案，你們應該交出殺人兇手，按中國律例殺人償命。」

義律搖頭。「根據大英帝國的法律規定，英國子民犯罪應由英國政府處理。」他手一比，指向身旁的律師。「欽差大人盡可以問我們的律師，英國法律是怎樣規定。目前兇手還沒抓到，抓到後，我們英國政府絕不逃避責任。再說，相關幫兇，我也已經秉公審訊。」

林則徐與義律幾番公文交涉，早知道他言語聽似順從，實則性格刁滑。

林則徐成竹在胸，微微一笑。「除了英國律法之外，我想你們的律師，應該對於《萬國公法》也有些了解吧。」

《萬國公法》是精通各國律例的瑞士籍法律學家瓦特爾的作品，義律沒料到林則徐竟然也知道這部作品。歷來，他所接觸的中國官員，沒有這樣透徹了解外國事務的。義律暗自覺得不妙。

林則徐要袁德輝唸出其中一段。「根據《萬國公法》第一百七十二條記載『自法一定，普天之下莫不遵守。故外國有犯者，即按各犯事國中律例治罪』」。

義律臉色一變，林則徐語氣一嚴。「義律先生，您聽清楚了

吧？若是英國人在英國犯法，當受英國律法制裁。在天朝犯罪，自是交付我官方審訊。《萬國公法》與我《大清律例》所持皆同樣道理。所謂自行審訊，這是惡例，無視我大清律法。我大清律法與帝國子民性命，絕不容等閒視之！」

「這……」義律支吾著，沒想到這麼快就被林則徐逼到無話可說。

林則徐又言：「你英籍商船來華貿易，也該遵循我《大清律例》，照我方的要求，表明不再走私。」

林則徐禁煙以來，雖然千頭萬緒，但在他步步為營之下，總也澄清了風氣。如今他已調任兩江總督，實不宜在廣東逗留過久。只待「照式具結」一事有了下落，他就算是不負皇命，禁煙責任可以轉交。

義律佯裝無奈的嘆了一口氣。「我並非有意跟大人對抗。只是『照式具結』一事，茲事體大，必須等我國主定下裁量，我無法擅自作主。我大英帝國離中國有千里之遠，文書往來需要時間的。」

據義律的評估，倫敦方面是否要發動侵華戰爭，大約可以在年底的時候確認。

林則徐看了看義律，他有些看不透義律閃爍碧藍的眼珠子。林則徐本來以為「照式具結」應當不困難才是。他真的不能明白，為什麼義律總是再三推託。

林則徐揚起一笑。「米利堅*方面已經有打算照式具結。相信不久之後，其他國家也會照樣辦理。」

對於「照式具結」，林則徐

放大鏡

*米利堅　即美國。

還是持樂觀的態度。而且他明白，美國和英國在對華貿易上處於敵對的狀態。

一提到這件事情，義律的臉色就顯得難看。

「米利堅有意遵從我中國律法，經營正當生意。看來米利堅有機會替代貴國，執華洋貿易牛耳。」林則徐笑笑的說。

義律雖然恨得牙癢癢的，但是深吸了一口氣後，也轉出笑容。「各國有各國辦事的方法。目前這樣的情形，我們也只好接受。」他相信忍耐會有代價的。

「貴國辦事的方法倒是令人不解。」林則徐直看著義律。「我聽聞在貴國，也知道鴉片是害人之物，而禁制貴國人民吸食。但是如今貴國非但不肯具結，也不肯讓船隻入黃埔進出口貨物，這對貴國不知道有什麼好處？」

關於英國船隻在海面上的動

靜，林則徐一直留心著。

海面上雖然仍有零星的走私貿易，但是他從《澳門新聞紙》的轉載知道，有些英國人也認同他禁煙的措施。煙商與正當的商人之間，甚至是有矛盾存在的。因為中國財力有限，買了鴉片，自然就少買了其他的貨品。

林則徐繼續說道：「貴國船隻在洋面上停留的已經有三十二艘，因為監督大人阻止不能進口，只得暫停尖沙嘴一帶。船上的米、布、棉花等貨，既無從卸落，又禁不起天氣炎熱、海上潮溼，只能任由發霉或腐爛。」

義律臉色變得極為難看。林則徐踩的正是他心頭最痛的地方，已經有部分從事正當貿易的英商對他的作為不滿，增加他不少管理的壓力和困難。

林則徐趁機再言：「我看等米利堅具結後，貴國船隻想脫手貨物的，恐怕得賤價賣給米利堅了。」

義律牙癢癢的說道：「大人要是有中國人所說的惻隱之心，就應該答應我國的請求，讓這些船隻可以在澳門裝卸貨物。」

澳門當時雖是中國的土地，但是因為租給葡萄牙人，所以中國的管轄權有限。義律就是看準這點，才會有這樣的說詞。

「監督大人所說的貨物，可是連同部分走私的鴉片？」林則徐毫不客氣的說。

義律臉上一陣青一陣白，和林則徐口舌往來，他討不到半點便宜。

林則徐正色說道：「我允許貴國船隻有個別做法。願意具結的船隻，歡迎進入我中國貿易。不願意具結的船隻，請離開我國海域。」

禁絕鴉片之事，林則徐自始

至終都謹慎的捏握分寸——「禁絕鴉片一事一定要徹除，但也不能輕易挑起雙方衝突」。

他是禁鴉片，而不是斷貿易。他深覺只有如此才能確保雙方不起戰火。而且自從接觸西洋事務以來，他隱隱覺得西洋有些知識和物品是好的。他極樂見華洋互利下的太平繁華。

義律站了起來，皮笑肉不笑的說道：「我國的船隻都將同進同退，不勞大人費心。」

「願監督大人顧全大局。」林則徐站起來送客。

雙方雖然還維持著禮貌，但談判已然破局。

不久，印度調來一艘英國兵船。義律決定憑恃武力，在九龍尖沙嘴砲擊中國船隻。這是雙方第一次接戰。這一仗，滿清雖有傷亡，但英船沒有討到半分的好處，只好逃開。道光皇帝恐懼夷人砲火的心情，因為這場小小勝利而消弭不少，甚至因此有幾分的驕氣。

九月，英國一艘商船不顧義律命令，照式具結進入黃埔貿易。英國軍艦強行闖入中國海域，並且開砲干涉商船的自由行動。在關天培出面制止後，義律命令軍艦開火，關天培隨即回擊，此為「穿鼻海戰」，在海面上共持續十天。

雙方雖都有傷亡，但中國略占上風。此戰之後，道光皇帝心態上更是得意，耀武揚威，於是下令停止中英正常貿易，以示懲戒。

林則徐多次上奏，力圖轉圜，仍然不能改變局勢。

道光皇帝對林則徐的態度有些不滿了。加上朝中始終有不利於林則徐的言論，道光皇帝漸漸失去對林則徐的耐心了。但因為

廣東防務還需要林則徐籌劃，所以道光皇帝於十二月二十二日降下諭旨，林則徐從兩江總督調任兩廣總督，鄧廷楨則改調為閩浙總督。鄧廷楨的調任，無異斷了林則徐在廣東的右臂。

十二月二十六日，道光皇帝又下了一道諭旨，要林則徐嚴格執行斷絕中英貿易，並將英夷一概驅逐出境。諭旨言：「林則徐已實授兩廣總督，文武皆所統屬，責無旁貸，倘查拿不能禁絕根株，惟林則徐是問。」

7 戰火瀰漫滔天浪

林則徐自成為兩廣總督，每日皆盡心辦事。對內，他根絕鴉片禍害，對外，他積極布置廣東海口防務。

斷絕與英國通商之後，義律仍率艦盤據海面，不時騷擾。為了不增加國家經費的支出，林則徐勸導行商、鹽商及潮幫客商捐錢，增添新式砲火以及招募漁民丁壯五千名巡防，以火船圍攻英艦，使其不能越雷池一步。

另一方面，英國政府受到鴉片商人的遊說與義律報告的影響，英國國會在激烈的辯論後，最終以二百七十一票對二百六十票，通過對華軍事行動。道光二十年（1840年）以懿律（義律從兄，曾為印度總督）和義律為全權正副代表和正副總督，率四千名海軍陸戰隊及四十八艘戰艦遠征中國。含糊的以「討回公道」為由，發動了一場歷史上極為不名譽的戰爭。

道光二十年三月，林則徐接到嚴重情報，上摺表示得到「英夷會集各埠兵船同來滋擾」的軍情。道光皇帝當時並不以為意，對情勢樂觀的他批示：無論英方來攻之事是否確實，都不需要緊張惶恐，只要嚴密防範，便能以逸待勞。

那日之後，林則徐更無一日鬆懈。道光二十年五月二十二日，部分英國艦隊出現於廣東海口外。

林則徐緊急找來水師提督關天培商議情勢。

「英國艦隊終於還是來了。」林則徐百感交集的說。

去年，九龍接戰的時候，林則徐還不以為英軍會大舉來侵。

在他看來，維持對華貿易是英國的國策，英人斷不會放棄。他相信英國除了以鴉片危害中國外，不會願意和中國發生大規模的正面衝突。再來，英國離華千里之遙，遠渡重洋，大舉來犯並不容易。所以他以為，若有衝突，也只是義律這樣在海面上零星的騷擾，以逼迫中國開放鴉片貿易。

只是沒想到，幾個月之間，情勢急轉直下。嚴峻的局面，遠超過林則徐數個月前的想像，也逐漸超過他能控制的範圍。

「大人放心。」關天培豪邁的說道：「我一定讓英夷來得了我中國，回不去他英吉利。英夷雖然船堅砲利，但是我廣東水師也已經大不同以往。至少，能跟英夷決一死戰，同歸於盡的。」

當關天培這樣朗豁的說出「同歸於盡」的時候，林則徐心口一動，幾乎要壓不住眼眶突然冒出的溼熱。

林則徐熱切的握住關天培的臂膀。「以廣東的防備來看，英夷未必能討得到太多便宜。我怕的是他們一路往北，沿海地區的海防不振。萬一英夷繼續北侵，必定震動京師。」

說到這裡，林則徐不自覺的吸了一口氣。「雖然我曾奏請要加強沿海防務，但是畢竟沿海各省多不在我能控制的範圍之內。」更別說直隸總督琦善對他已積蓄許多不滿。

林則徐說道：「有些話我無法說得太多。我雖想提醒聖上，情勢危急，英夷武力絕不可小覷。但是又恐聖上不悅，以為我們身為臣子，竟長夷人志氣，滅自己威風。所以有些話，我也只能避重就輕。一旦戰火一啟，偏又不在廣東……。」

關天培急道：「那怎麼辦？」他並沒有想到這一層。

林則徐毫不遲疑的說：「由我來扛。」

林則徐已經將可能發展的情勢推演過了。「英人來犯，仍要有藉口，他們必以討伐我為理由。如此一來，我就可以順勢而為，讓聖上以追查我的過失為由，派大臣來廣東與夷人談判，盡量把他們的兵力引回廣東。一來可解除京師可能遭受的威脅；二來可以利用談判的期間，調兵遣將，加強沿海防備。能戰方能和，萬一談判破裂，聖上才能應變。」

一聽林則徐願成為代罪羔羊，關天培不平的說：「大人有什麼過失？要負什麼責任？禁煙嗎？斷絕通商嗎？大人所作所為，都是按照皇上旨意的。」

「我的軍情判斷有誤，我該

負責的。」林則徐平心的說。「我深受皇恩浩蕩，更該為聖上分憂。」

關天培急道：「可是斷絕通商後，大人也做了許多的防備啊。廣東坐收通商之利，海關有多少收益啊！白花花的銀子，大人為什麼不敢奏請動用？因為那些錢都要留著為皇室採辦貢品。大人只得自己四處籌錢，添購船艦砲火，招募兵勇。廣東明明就在洋人砲口下了，大人也從不曾要求內地增兵，仍是自己籌錢訓練漁民蜑戶。廣東防務能做到這樣的局面，大人就算不居功勞，何過之有？」

他總覺得，要說林則徐有過，他怎樣也是不服不平的。

林則徐輕描淡寫的說：「英夷軍艦一旦北上天津，砲火進逼京師，聖上就不會這樣想了。」

他為官二十幾載，深受道光

皇帝恩寵，他極為感念。

但是為人臣子二十幾載，聖意他豈可能不仔細領受體察？他從不奏請皇帝派兵增援廣東，也不肯求國庫多撥經費，是因為他知道，那些落伍的軍隊是不堪一擊的，而勞動軍隊、花費軍餉的結果，只會動搖皇帝的禁煙信心，而增加了自己處境的困難。

「情勢多變，聖意難測。禁煙以來，我的所作所為，無不戰戰兢兢，但我是坦坦蕩蕩的。」林則徐坦承的說。「我為禁煙來廣東，所求無非是去除煙毒，使華夏氣象一新。離京的時候，聖上囑咐，勿輕易挑起雙方衝突。如今戰火將啟，我所求無非以身殉國，以安天下太平。」

關天培心緒激動。他從軍多年，早有準備為國捐軀，但林則徐本是文官，封疆大吏中，有誰像他這樣不顧安危、慷慨赴義。

「以身殉國，以安天下太平。我與大人共立此誓。」年已六十的關天培朗朗的說。

※ ※ ※

英先遣艦隊出現在廣東附近海面後，林則徐立刻急速報告京城，並指出英艦可能北上犯境。情勢如林則徐所料，英艦抵達廣東後，立刻發布文件指責林則徐與鄧廷楨騙取鴉片、侮辱英人，並宣告封鎖廣州海口。但是英國軍艦對廣東卻沒有採取激烈的軍事行動，多數艦隊反而揚帆北上，去侵犯和鴉片事件無關的浙江定海。

英軍只花三日即攻陷定海。定海失守的消息，重重打擊道光皇帝的心。直隸總督琦善奏稱，天津存兵共只八百餘名，即便是召集各營軍隊，總共也不過兩千名。道光皇帝眼見天津、京師防禦如此不堪，頓時陷入徬徨無措的境地。

林則徐此時上奏，提出應急措施，並為道光皇帝留下一步退路，自願負責，承受責難。道光皇帝此時已動念犧牲林則徐以求解除戰禍。林則徐的政敵，穆彰阿與琦善又趁機進讒，將禁煙開啟戰端的責任全都推卸在林則徐身上。

七月二十四日，林則徐上奏，報告英船仍在廣東海口外減價傾售鴉片，引誘奸民趁夜出洋偷買鴉片。

此時，被戰局逼到又驚又怒又感顏面無光的道光皇帝，嚴詞斥道：對外事務中，無法徹底斷絕通商貿易；對內事務中，也無法徹底清除鴉片買賣，不過就是拿話來搪塞責任，不但沒有半點的成效，還無端生出許多波瀾是非，想來令人憤怒，我看你有什麼話可以對我說？

林則徐兩年來為查煙與海防的努力，一筆抹銷。

道光皇帝另派琦善為欽差大臣到塘沽口，和英方代表展開談判，以解決事端。琦善自以為已掌握道光皇帝心意，一意妥協，只求先讓英艦退往廣東。

琦善把握的求和原則有二。一來，諉罪於林則徐，再三聲稱重治其罪，以討好英人；二來，向廣東富裕的行商勒索，不動國家經費，而可賠償煙價了事。

但是英方所求卻不止於此。英方除了要求賠償煙價，以對等禮相待英國駐華官員，償還洋行欠款之外，還要求割讓海島。

此時，天候漸寒，不適合英國在華北海面展開攻擊。加上琦善釋出討好的善意，所以英方答應船艦退回廣東海面。

琦善得意洋洋的以欽差大臣

的身分前往廣東繼續與英國談判。

九月，道光皇帝則降旨革除林則徐兩廣總督大臣的職務，閩浙總督鄧廷楨也受同樣處分，並要兩人留在廣東，以備查問。

九月二十五日，林則徐獲知革職消息。

九月二十九日，廣東民眾聽到他被革職的消息，爭先恐後的到總督衙門挽留，並紛紛送他許多的靴*、傘、香爐、明鏡等物，此外還送給他五十二面的頌牌。

頌牌上寫著「公忠體國」、「清正宜民」、「煙銷瘴海」、「威懾重洋」等等對林則徐的肯

放大鏡

*唐代崔戎為官深受百姓愛戴，他離職時百姓不捨，脫下他的靴子，阻止他離去。崔戎趁夜離去，有人將他的靴子裝在木匣裡掛於高處，以供人瞻仰。於是解靴成了傳統表示阻止離去以及挽留之意。

公忠體國
清正宜民

定之語。

民眾所送之物，林則徐全數發還。

十月二十五日，林則徐整理行裝，準備離開行轅，暫時租個地方住下，等待欽差大臣琦善查問。

深夜，林則徐的妻子鄭淑卿見他歇了手，在書桌前發怔，碎步趨前為他添上衣服。「想什麼？」鄭淑卿輕問。

林則徐嘆了一口氣。「我在想，八月十六日，我一早呈給聖上的那最後一封摺子。」

那時候，雖然還沒獲得革職的訊息，但是一聽琦善奉旨為欽差大臣來廣東查辦事件，他就知道大勢已去。

他不是憂慮個人的榮辱，而是擔憂國事前途。

林則徐繼續說道：「琦善一來，對夷人必定想委屈求和。只是夷人貪得無饜，委屈不能求和，能戰方能求和。琦善不諳軍務夷情，很難跟夷人應對啊！」

林則徐對琦善為人沒有攻擊批評，所考量的仍是國本。

「夷人之所以答應南下廣東，並不是因為琦善應對得宜。」林則徐難忍激動的說道：「就我所得到的情報，此時天候轉冷，夷人水土不服，不慣天候轉變。軍艦上疫病流行，三、四百人已被安葬，一千五百人還在養病。這就是我方的機會啊！」

林則徐一股腦的說著。「英夷勞師遠征，費用繁重，接濟困難，不服水土，勢不能久持。倘若我們固守內地，長期抵抗，坐困敵人，使他們一切不得行，陷於進退兩難之地，始能讓他們放棄侵略，低頭談和，而無損國體。」

鄭淑卿淺淺一笑。「你把這

些都呈給聖上了？」

林則徐大嘆。「我知道聖上不會再聽我一句話了。可是我不能不說，畢竟事關國運。」

這是林則徐從政以來，最大的挫折。道光皇帝幾番嚴厲的訓斥，都是未曾有過的。他雖然無怨，但多少是有些感慨的。

林則徐振奮精神說道：「我讀過米利堅的歷史。六十幾年前，他們也還是歸英吉利所管。當時他們的軍備落後，但是始終不屈，持久與英夷對抗。過了七年，終於逼得英夷勢窮力竭，放棄了對米利堅的統治。」

林則徐滔滔的說著，鄭淑卿始終溫婉的看著他。

那嫻靜的樣態，讓林則徐有幾分不好意思的笑了。「我的話太多了，都是個革職查辦的人了。唉，話實在太多了，讓夫人見笑了。」

鄭淑卿輕笑，輕言軟語的說：「來廣東這兩年，你的鬢髮全白了呢！」她的手深情的撫上他的鬢髮。「剛來的時候，都還是黑的。」

鄭淑卿輕軟的一句話，看透了林則徐心中的感慨與委屈。

林則徐握住她的手，感激的說道：「夫人，妳跟著我受委屈了。」

鄭淑卿看了看他，故意蹙上眉頭。「是啊，嫁給你真不好。擔心受怕沒有少過，富貴榮華沒有多過。」

林則徐苦苦一笑，無言。

鄭淑卿沒有騙他。她心底自然也有苦的，但是見著他，她總是笑的。

鄭淑卿一笑。「嫁給你真好。你是英偉奇才，我也被逼得不做尋常婦人了。」她的語氣有著驕傲。

林則徐感激的握緊了鄭淑卿的手。「我現在已經被革職了，還是待罪之人。往後不知道還要連累夫人多少。」

要是一般婦人女子，這時候難免傷情啼哭，可是鄭淑卿卻不然。

鄭淑卿說道：「你革職一事，我不啼哭。你來廣東辦禁煙，我早就知道這是掉腦袋的事情。只要項上人頭保住了，都是好事了。」

鄭淑卿淡淡的說，那話裡，隱藏的也是她這兩年的擔驚受怕。

鄭淑卿有自己的想法，她又說道：「你受委屈，我也不啼哭。我知道這一切你早就料見，是求仁得仁。百姓送上明鏡，感謝你明鏡高懸。我知道，你所做的，聖上不察，但百姓都清楚的看見了。」

她也為林則徐抱屈，但不會哭天搶地的嚎啕。

林則徐抱著鄭淑卿，不發一語。

他們兩個相互慰藉取暖，鄭淑卿的回憶悠悠。「記得那年冬天在杭州的梅園裡的情景嗎？」

「妳說的是我萌生退隱心意的那年嗎？」林則徐記得當時他想離退，鄭淑卿全力支持。

那年冬天很冷，鄭淑卿也是這樣，暖著他的手。這一眨眼，就是二十年。

「你再度進入複雜的官場，就是二十年過去了。」鄭淑卿的聲音蓄著笑意。「我很高興，你待人雖是隨和，但從不流俗。不論怎樣的風雨波濤，你在當中怎樣的能屈能伸，心裡總有個底限。這二十年下來，你始終還是潔淨如梅，存一身讓我敬重的傲骨。」

鄭淑卿偎上他的頸肩。「我

就敬愛你這如雪白髮。不論聖上怎樣降罪於你，往後世人自有評斷，會還你公道的。」

鄭淑卿平常並不說這樣的話。此刻，林則徐聽來百感交集，卻又說不上一句話。他對她又愧又愛又憐又感激又敬重。

鄭淑卿輕輕一笑。「你別說。我知道，說起國事，你是滔滔不絕。要你說其他的話，你是說不出口的。」

林則徐是不看重榮辱、得失乃至性命的。在官場上打滾，這些都不能看重，但是那人事浮沉，那國事黯淡，那憂心忡忡，仍要有人知解，有人能相互倚靠。

如鄭淑卿所言。林則徐是英偉奇才，鄭淑卿也不是尋常婦人。他林則徐還有個鄭淑卿生死相伴。

8 無力回天謫新疆

新欽差琦善南下，除了帶一名千總*外，經過山東的時候又加入一名叫鮑鵬的人隨他到廣州。鮑鵬原是鴉片頭子顛地的買辦，林則徐曾經下令捉拿過他，所以他才逃往山東。如今因為琦善要與義律談判，義律索性舉薦鮑鵬來做自己與琦善之間的媒介。琦善一意討好義律，也就樂得利用鮑鵬來當橋梁，孰不知鮑鵬實際上乃為義律所用的漢奸。

琦善到了廣東之後，只求討好英人，以為要促成和議，必須按照鮑鵬所傳達義律的意見來執行，首先裁撤自己的兵備，以示

放大鏡

*千總　職官名，明初於三大營置千總、把總等重要武職，皆授予功臣；清代時職權日輕，而成為下級武職，位在守備之下。

求和的誠意。所以他將林則徐所整備的兵船裁減三分之二，且將林則徐所訓練的五千水勇全部遣散。至於林則徐所部署的虎門口內外要塞防務，則任其陷於孤立無援的狀態。

琦善原以為只要懲處林、鄧兩人，酌量籌款賠償煙價，恢復貿易，便可滿足英人的要求。哪裡知道，英人見已經完成破壞海口防務的策略，也做好進攻的準備後，立即要琦善全面接受「賠償煙價、償付軍費、割讓島嶼、開放碼頭」等等要求。

琦善也知道，這些要求道光皇帝是不會同意的，不敢全面允諾。十二月十五日，大批英艦連同陸軍和漢奸隊伍，以熾烈的火力和優勢的人力，向沙角、大角砲臺進攻，當天兩砲臺就被一一攻陷了。

兩砲臺陷落後，琦善因而有

了急速求和的藉口，立即和義律約期會談，準備接受他的全部條款。然而，道光皇帝的心意卻逐日轉變，對英人貪得無饜的要求感到憤怒。道光皇帝一方面從川、黔等省準備選調軍隊剿滅英人，一方面想起被冷落已久的林則徐，因此把他及鄧廷楨的革員身分，改為協同琦善「妥為辦理」。道光皇帝下了諭旨，十二月二十八日，琦善只好來會見林則徐。

當日，林則徐正在寫字，鄭淑卿喚他：「琦善大人來拜訪了。」

鄭淑卿的語氣雖是平淡，但是她心底對琦善仍蓄著不滿與不齒。

兩個月前，琦善曾經來過林則徐暫住的地方，索了二十五件和英夷往來的文件就走。鄭淑卿知道，琦善打算以此為罪證，羅織林則徐的罪名。林則徐自恃清白，此事他則是淡然處之。

十幾天前，兩砲臺陷落，廣東情勢至為危急。林則徐和鄧廷楨心急如焚，難以坐視不管，各遣人前往琦善住處，婉轉的表達跟琦善請安之意，並請琦善吩咐是否有可以為國效勞之處。琦善簡單的說了四個字：「無話商量」。

一直到道光皇帝力主「剿夷」，琦善頓顯狼狽尷尬，只得遵旨來找林則徐。

琦善來找林則徐仍是不甘不願，態度傲慢。鄭淑卿以大局為重，只好以禮相待，請琦善在外等待。

林則徐放下手中的筆，看了鄭淑卿一眼，振作精神。「嗯。」他起身，拍了拍鄭淑卿的肩膀，遞給她一個安撫的笑容。

這幾日，林則徐瘦了許多，鄭淑卿見了心疼。

林則徐挺了脊梁去見琦善。

「拜見中堂大人。」林則徐施禮。

「少穆*兄，打擾了。」琦善簡單寒暄幾句，切入正題。「廣東的情勢不知少穆兄有何辦法？」

琦善和林則徐已經兩年多未見，形勢轉換，局面雖然危殆，但好歹他現在仍是欽差大臣，說起話來，姿態仍高。

他總覺得，兩年前他就和林則徐說過了——不要輕啟雙方衝突。他怪罪林則徐，挑動戰火。

林則徐看了看琦善。直言：「聖上的意思是要打。」

「怎麼打啊？」琦善見識過英夷砲火的猛烈，一意只想求和。

「拖延夷人，集中火力，守住要地，身先士卒，鼓動民氣。」林則徐簡略的說。戰局艱難，這是奮力一搏，唯一死裡求生的機

放大鏡

*少穆　林則徐「字」少穆。

會。

「身先士卒」那四個字，說得琦善心裡一驚。這豈不是要他「為國捐軀」？

「鼓動民氣」這四個字，說得琦善心裡一苦，他禁不住對著林則徐吐苦水。「說到鼓動民氣，這就是我為難的地方。廣東民心不堅，處處都是漢奸。這兩個砲臺會淪陷，還不是有漢奸幫忙打頭陣。」

說到這裡，琦善語帶不滿，諷刺的說：「聽說那些漢奸還是少穆兄先前招募的水勇呢！少穆兄誤用了他們，還好我早早就解散那五千名水勇。」

琦善嘖了一聲，碎碎的唸：「廣東不只有漢奸，一些官員也都不可相信。」

林則徐在廣東經營兩年，廣東大小官吏多對他心服口服。反過來，就讓琦善對這些人生了戒心。

琦善連連的譏諷，終於讓林則徐動了肝火。「這些兵勇都是些窮苦人家，因為中堂大人解散他們，使得他們無以安家，才淪為奸夷所用。要說漢奸，鮑鵬才是頭一個漢奸。他是賣鴉片出身的匪徒，他要中堂大人撤除防務，才是陷中堂大人於不義。先前，砲臺後山有八百名駐兵，又暗藏釘桶，如果不是盡行撤除，怎麼會讓英夷從砲臺前後夾擊，以至於失守。」

一想到這件事情，林則徐怒由心生、悲從中來。「廣東怎麼會沒有官員可用？守臺千總黎志安，身負重傷，恐砲位被搶，督兵將好砲十四座推落海內，然後負傷打出重圍，讓英夷一無所得。中堂大人誤信賊言，裁兵在先，落得我兵只剩六百。敵有五倍，要我兵安能守住砲臺？三江

協副將陳連陞與其子陳長鵬*雙雙為國捐軀，逆夷連挫數十刀，將他們開膛破腹！」

要不是琦善開門揖盜，這些人怎麼會犧牲得如此慘烈？林則徐心中悲憤已極，這句話強忍著不說。

「咳！咳！咳！」心緒激動的林則徐，忍不住咳了數聲。這些人都曾是林則徐的好手下啊！

琦善被他說得臉上一陣青，一陣白。剛好見林則徐咳嗽，順著話說道：「少穆兄，既然你身體微恙，我不多擾了。改天再來拜訪。」

琦善站了起來，完全沒有停留的打算。

林則徐調了下氣息，跟著站了起來。他知道琦善也是聽不下他的話，可是有些話他不能不

放大鏡

＊據《清史稿・列傳一百五十九・陳連陞》。

說。

他泯除和琦善之間的個人恩怨，誠懇的說：「中堂大人務必謹記，聖上一直發怒，那意思就是要打。如果盡聽夷人的話，那就沒有半分和夷人打下去的能耐了。夷人說不能增兵，這句話萬萬不能聽。否則接下來淪陷的就是虎門了。」林則徐一想到，他的好弟兄關天培鎮守於虎門，心口一陣絞痛。

「虎門一失，不保的就是廣州城了。」林則徐沉痛的說。

「謝謝少穆兄的建言，我會多考慮的。」琦善口中雖然這麼說，臉上卻流露出不耐煩的神色。

林則徐說的正是琦善最為苦惱的地方，在他聽來像是威脅。

琦善煩躁的想，要是廣州失守，聖上非怪罪於他不可。可是夷人砲火這麼猛烈，他又怎麼能和夷人對打呢？

看出琦善的軟弱怕事，林則徐的心沉到谷底。

「告辭了。」琦善坐立難安，迫不及待的想走。

林則徐送琦善到門口，一連又是數聲的咳嗽。「咳！咳！」林則徐彎了腰。

鄭淑卿聞聲出來，眉頭輕蹙。「你也顧一顧自己的身體啊！」

鄭淑卿快步過去，輕拍林則徐的背。

林則徐一抬頭，鄭淑卿才發現林則徐眼底翻出淚花。

鄭淑卿一怔，她很少見林則徐這樣難過。

「琦善這樣怕事，虎門兵力只有數百，終究會守不住的。他就要白白犧牲了啊！」林則徐哭了出來，大慟。

林則徐口中的「他」指的是

關天培。林則徐難過到不忍說出他的名字。

「琦善不懂，他也會觸怒聖上的。可他留下的局面，已經是山窮水盡。戰不得，和不能了……」林則徐直看著鄭淑卿。「我打算再招募五百名兵勇，做……。」

鄭淑卿也哭了。她知道，林則徐是打算做最後的殊死戰，一死報國。

她頓時有些怒了，卻不知道該向誰生氣才好。聖上、琦善、夷人，抑或者是這個教她又敬又愛又無奈又捨不得的夫君。

他為官的時候，說要為國效力。現在被革除了，仍要為國捐軀。這是……。

鄭淑卿眨了眨眼。這一陣子，林則徐憂心痛心，蒼老得好快，那形貌在她溼了的淚眼裡幾度散開。

就算他被革除了，到底也不能只做她的丈夫。

心疼下，鄭淑卿又有些朗豁。她脫下手中的玉環。「你要招募兵勇，一定要用錢。這你拿去吧。這不過是個身外物。」

林則徐一怔，愣愣的說：「那是妳娘家給妳的嫁妝。」

「那還是身外物！」鄭淑卿執拗的塞給林則徐。「你都下了這樣的決心。那還有什麼對我而言不是身外之物呢？」

林則徐無言。鄭淑卿反而握了他的手，說道：「有時候，我寧可不懂你，這樣我就可以一意任性了。可我懂你，我只能成全你。要是你有個三長兩短，我到底慶幸，我是你的妻子。我的夫君是你，不是琦善之輩。」

鄭淑卿握緊了林則徐厚實的手。她不知道，還有幾次，能這樣握著他的手。

※ ※ ※

情勢的發展，如同林則徐所預見的，道光皇帝態度越趨強硬。英人得知議和有變，立刻攻擊虎門砲臺，水師提督關天培力戰身亡。

參與這場戰役的英國尼美西斯號火輪船戰艦艦長荷爾記說：「許多中國軍官英勇的、高貴的赴死。……其中最特出而最可哀的，莫過於關老提督。他的死節引起了我們全軍的同情；他是在『亞娘鞋』砲臺門口抵抗時，在胸前受刺刀創傷而死。……第二天，他的親屬來認屍，要求把他運走。我們立刻允許他們照辦。白蘭漢號鳴放了禮砲，向他致敬。」

虎門砲臺失守，道光皇帝震怒。琦善因擅自作主，割讓島嶼給英國，革去大學士之職，查封財產，押解回京。並派怡良處理善後。

林則徐被革職後，京城內外輿情多感不平。只是那時候大批英艦壓境，情勢嚴重，無人敢觸犯皇上進言。直到道光皇帝下令要林則徐協辦軍務，情形顯見緩和，不久各方人士為林則徐說話，籲請起用。閏三月十一日，道光皇帝降旨：林則徐以四品卿銜赴浙江聽旨，離開廣東。四月二十六日，降旨要林則徐協辦浙江軍務。

林則徐無日不為加強軍備而奔波，但是情勢變動，已經遠遠超出林則徐掌控範圍。

林則徐離開廣東沒多久，新到任的靖逆將軍奕山等人，貪功躁進，攻擊英船。英人砲轟廣州城，廣州陷落。奕山請降，承諾五日內付英人軍餉六百萬兩，以求英艦退出虎門。

奕山隱瞞廣州陷落之事，只說廣州受到熾烈砲火威脅，將要付給英人軍餉的六百萬兩混稱是清還欠給外商款項。道光皇帝心裡雖知奕山已經因敵人兵臨城下，抵擋不住而被迫簽訂和約，但在看清現實情況，道光皇帝也不再堅持「剿辦」的立場，降旨重開貿易之門。

五月十日奕山等人奏稱夷船已陸續退出，廣州恢復舊常生活。

同日，道光皇帝降下諭旨，責怪鄧廷楨與林則徐兩人，在兩廣總督、湖廣總督任內失職。一方面責怪廣東軍務不振，一方面又訓斥辦理夷務失當，兩人均發配新疆伊犁，要他們「效力贖罪」。

消息傳到江南，群情沸騰。好些人出來募款為林則徐籌贖錢，希望能免了林則徐發配邊疆，遠謫苦寒之地的罪。林則徐毅然致函謝絕，堅決成行。

由於林則徐為官素來清廉，以至於連旅途所須費用都沒有。他預備變賣過去為奉養父母在故里所置的一點家產。當地一位蘇姓富戶，立時送了一萬兩銀子給他，他起初還不肯收，後因蘇姓富戶答應收下他的房契作押，他才收下。

六月，林則徐抵達揚州，遇到他的摯友魏源。

當時，廣東的情勢又有了變化。英國政府看穿了清廷的無能與畏懼，認為義律所執行的侵華策略不夠積極，改派璞鼎查接任，並以海軍少將威廉・派克爵士為總司令，繼續派兵增援，意圖獲得更大利益。

林則徐深知往後辦理洋務必定更加艱難，國家前途也更加黯淡。他明白，倘若中國不知放遠眼光、明瞭外情，不效法外人所長以求自強，則此後演變將不堪設想。

他在兩廣總督任內，曾經購買西洋船艦，並仿效西法，改進傳統武裝力量。最後在呈給道光皇帝的摺子裡，提出了「製砲必求極利，造船必求極堅，然後才能防止外人侵略」的建議。在那墨守陳規的時代，這是極具前瞻性的看法。只可惜，壯志未竟。

以前林則徐在廣東時，為倡曉西洋的事務及明白世界情勢，請人翻譯《四洲志》，並親自潤修。此番林則徐遇到魏源，將所譯的《四洲志》、《澳門月報》、《華事夷言》等書，並所蒐集輪船機器各圖說，全部交付魏源，期勉他能費番功夫整理發表，以開創時人視野。受到林則徐的啟發與請託，精通經、史、子、集的魏源轉而致力於輿地學，編成了《海國圖志》這部巨著。《海國圖志》不只刺激當時部分人士的視見，傳入日本後，對日人影響更大。

同月，河南地區發洪水，河南、安徽兩省多處成了水鄉澤國，情況萬分嚴重。道光皇帝隨即將河東河道總督文沖革職留任，另派大學士王鼎暫署河東河道總督，督辦工務。王鼎以林則徐熟悉河工，奏請他協助治水，於是林則徐又奉旨折回河東效力贖罪。

林則徐在治水方面經驗豐富，而且以身作則，和士卒一起抗洪。歷時半年，在道光二十二年（1842 年）二月，五十八歲的林則徐將東河工程完竣。

完工之日，王鼎設宴慶功，席間，他一杯又一杯，喝得痛快。

「好久沒這樣開心了。」王鼎

忽而一嘆。「距離我上次設宴款待你，已經過了三、四年了啊！這些日子裡，好多不開心的事。」

當時，他送林則徐前往廣東禁煙，為林則徐前途、為國家命運而憂心。爾後，林則徐因非戰之罪而遭革職，英夷的砲火也更加猛烈。現在廈門、定海、寧波等地都陸續被攻陷，朝廷正不斷派兵增援，未來會如何一樣不可知。

王鼎甩開那些惱人的憂思，笑道：「河工完成，對你來說是大功一件。皇上就算不論功行賞，至少功過相抵，也會免除你貶謫伊犁的苦罪。」

席間，都是林則徐的至親好友，這個消息讓所有的人都展露笑顏。

王鼎朗朗一笑。「還好你不用再去伊犁了。你往南方這一趟，才三、四年，頭髮就跟我一樣全白了。要是還得朝西走到伊犁，只怕我再見到你，你牙齒都要全掉光了，比我老得還快呢！」

林則徐一笑，還沒說話，忽然聽聞皇上諭旨到。

眾人起來，跪接諭旨。諭旨言：「林則徐仍往伊犁效力。」

所有人大為驚駭，該起身的時候，王鼎微微發抖，竟是站不起來。

林則徐愣了一下後，又恢復一般神色。他扶起王鼎，笑道：「我到底是比你年輕的。」

林則徐說得輕快，可是沒有人笑得出來。

「不該是這樣的。」王鼎激動的喃喃唸著。「我跟聖上奏明了，你的功勞最大。你拖著身軀，不捨晝夜，從酷暑到嚴寒。你救了多少黎民百姓，聖上只要親眼看到，他就知道……」說到激動處，真性情的王鼎也不顧旁

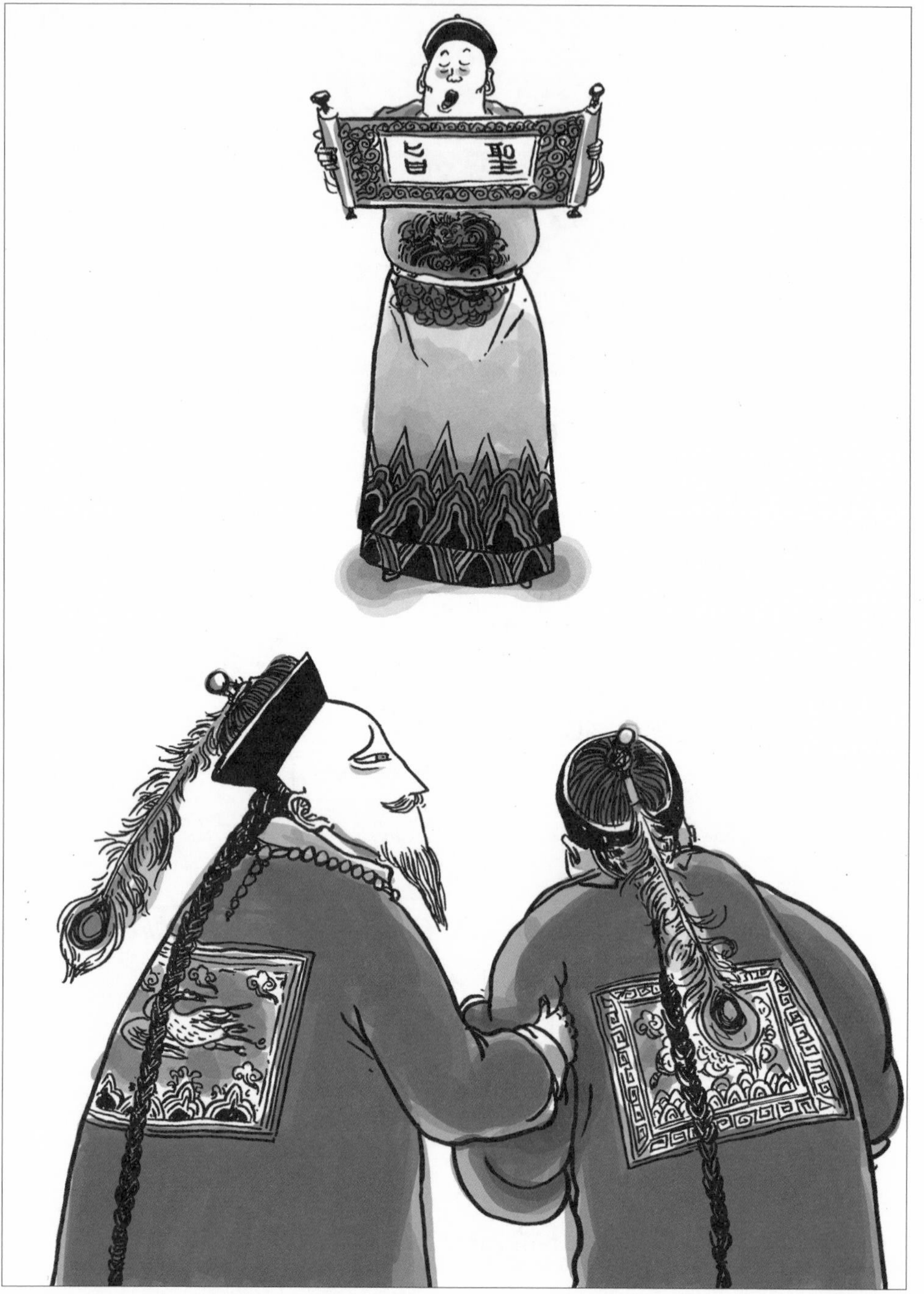
聖旨

邊還有人，眼淚就這麼掉了。

「這不公平！對你太不公平了！」

旁人難掩心酸，別轉過頭，暗自擦淚。

倒是林則徐淡淡的一笑。

「或許皇上還相信我這老邁之軀，多少能為國家做些事吧！廣東戰火正熾烈的時候，我是什麼事情都沒做到。」

他記得，道光二十年五月二十二日，廣東外海出現英夷軍艦。那時候，他跟關天培誓言，以身報國。而後，關天培壯烈成仁，他則幾番遭遇顛沛流離。

起起落落中，在在都是前塵舊夢。關於人事、命運的荒謬，他又多看透了一層。皇上念頭怎樣翻轉，難以揣度。命運如何，他只能泰然承受。

在廣東，他沒有一死報國，之後的歲月時日，他也不會只為自己打算。

「能為國家多做一些事情也是好的。」林則徐說得一派安詳。

他仍是這樣相信的。他這老朽的身軀，不死，在國事日漸艱難之際，仍要報國。

皇上不再恩寵，但協辦河工，仍是拯救生民。從酷暑到嚴寒，日夜未歇，怎能說不苦？只是苦得安心踏實。

王鼎仍然難過，淚眼看他，林則徐從容報以一笑。

十歲的時候，林則徐曾作詩。

童音稚嫩，他朗朗的說：「海到無邊天作岸，山登絕頂我為峰。」這樣的志氣，迄今仍未減損，只是更多了一番人事歷練後的安適無愧。

道光二十二年七月二十四日，林則徐從西安往伊犁的途中，中英斷續開打兩年的戰爭，終於塵埃落定。清朝不敵英國，簽訂了「南京條約」（又稱「江寧條約」）。

十三條條文的主要內容：香港割讓給英國，開廣州、福州、廈門、寧波、上海五口通商，賠款白銀兩千一百萬兩，廢除行商制度，採行自由貿易，赦免漢奸。在此屈辱的條款中，對於挑起這場戰爭的鴉片走私問題，一概不提。

此戰役，中國稱為「鴉片戰爭」，英國稱為「商務戰爭」。

9 尾聲

道光二十二年七月二十九日，林則徐到達蘭州，包括陝甘總督在內的大小文職官員全體出動迎接這位「罪臣」，武官出城十里列隊迎接。十一月九日，林則徐到達遣戍的重點——伊犁惠遠。在伊犁，林則徐接到京中來信，說老相國王鼎以死為諫。年邁的王鼎為林則徐送行後，為使道光皇帝能重新親近林則徐，遠離穆彰阿等人，壯烈自盡，以求能勸諫道光皇帝醒悟。林則徐得知，灑盡千行熱淚。

林則徐在新疆三年中有兩年在伊犁，得到了伊犁將軍布彥泰的敬重與關心。他在伊犁協助辦理墾務，倡導水利，開闢屯田，足跡踏遍南疆，成績卓著。此外，他又繪製邊疆地圖，建議兵農合一，警惕沙俄威脅。

道光二十五年十一月初六，林則徐因在新疆輔導墾荒實邊有功，被清廷重新起用，以四品京堂回京候補。在進京途中，又奉命以三品頂戴*代理陝甘總督。道光二十六年，林則徐的老戰友鄧廷楨在陝西巡撫任上病逝。林則徐慟悼，三天茶飯未沾唇。

林則徐接任陝西巡撫，道光二十七年，升任雲貴總督。道光二十八年十月，林則徐夫人鄭淑卿在昆明病逝。林則徐悲不自勝，隔年告病還鄉。經長沙時，林則徐見到了比他小近三十歲的左宗棠，兩代人在船上通宵暢談，對以後左宗棠的思想產生了重大影響。

道光三十年，林則徐六十六

放大鏡

＊頂戴　清代官吏品級以帽上頂珠的色質為別，稱為「頂戴」。

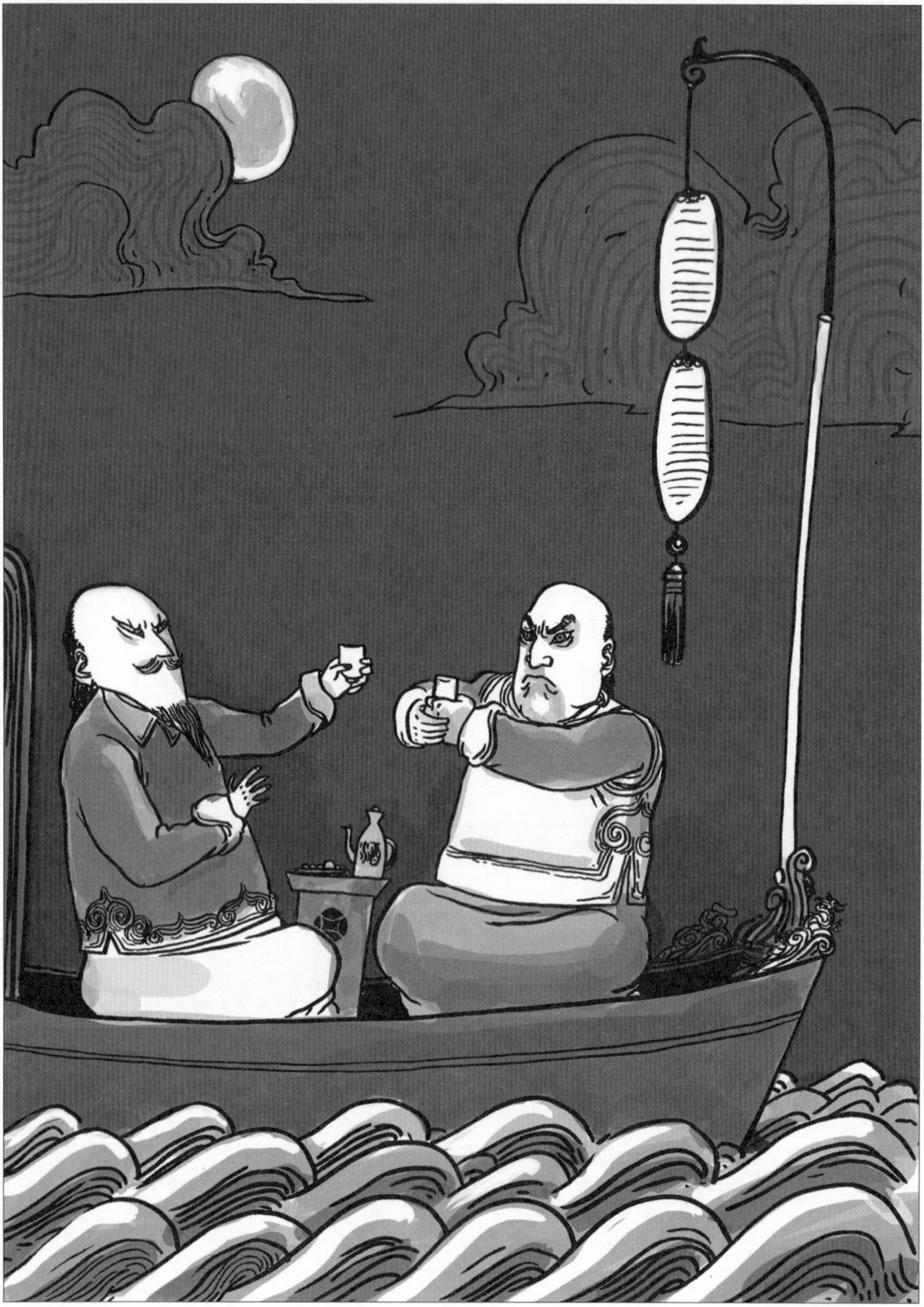

歲，三月初返抵故鄉福州，聽聞道光皇帝駕崩的噩耗。林則徐設靈拜奠，黯然慟哭。從道光十八年，他為禁絕鴉片之事入京面聖，此後整整十二年，君臣未見。道光皇帝駕崩，從此天人永隔。

自從道光二十二年之後，林則徐歷經王鼎屍諫、鄧廷楨病逝、鄭淑卿辭世以及道光皇帝駕崩。每段生離死別，都是極為哀痛。

咸豐皇帝繼位（1850年），此時的林則徐經歷了三十餘年的奔波勞碌，宦海沉浮，積勞成疾。咸豐皇帝任命林則徐為欽差大臣，前往廣西撫剿太平天國造反，十月二日，他被迫抱病從福州起程。林則徐的公子林汝舟隨侍在旁，不忍林則徐勞累，勸他多休息。林則徐卻認為國家急難之時，他仍應該義無反顧，不以個人死生為念。

十七天後，十月十九日，林則徐於廣東潮州普寧縣行館，溘然長逝。

林則徐死訊傳出，潮州地區百姓於街巷大哭。他的靈柩返郡，全城的人都穿上白色的衣服，為他奔喪者一日數千人。

林則徐最後的官銜是欽差大臣，清政府特別頒給他一個諡號「文忠」，這個諡號乃是文官最高榮譽，同時也道盡林則徐一生的高貴人格。

林則徐

小檔案

1785 年　出生於福建。

1798 年　考上秀才，入鰲峰書院就讀。

1804 年　中舉人。迎娶鄭淑卿。婚後不久，接受廈門海防同知房永清的邀請，隻身前往衙門擔任文書。

1806 年　為張師誠幕僚。

1811 年　中進士，賜進士出身。入翰林院。

1814 年　加入宣南詩社，結交龔自珍、魏源等人。

1816 年　離開翰林院，到江西主持鄉試。

1817 年　赴雲南主持鄉試。

1820 年　任江南道監察御史。

1822 年　4 月，覲見道光皇帝。5 月，授江蘇淮海道，尚未赴任，又署為浙江鹽運使，接著又提升為江蘇按察使，主持一省的司法大權。

1824 年　母親過世，離任奔喪，應守喪二十七個月。

1825 年　黃河水患，守喪未滿，破例起用。

1827 年　父親過世，返回福建。

1830 年　守喪期滿，4 月再度入京。6 月，在京奉命補湖北布政使；11 月，調河南布政使。

1831 年　7 月，調任江寧布政使。10 月間，以江寧布政使督辦江北賑災工作時，奉命升任河東河道總督。

1832 年　2 月，為江蘇巡撫。因河工任務未了，直到 5 月 25 日才交卸河東河督職務，前往江蘇就任。

1833 年　7、8 月間，江蘇沿江多縣遭受水患。以災民嗷嗷待哺，迫不及待，特先行撥款撫恤。此項要求得到道光皇帝批准。9、10 月間，太倉、鎮洋、嘉定、寶山四州縣收成欠佳。會同總督陶澍上奏，准許緩徵此地錢糧。

1835 年　12 月，奉旨赴江寧接署兩江總督兼兩淮鹽政。

1836 年　太常寺少卿許乃濟上摺明請弛禁鴉片。

1837 年　2 月，道光皇帝召見，擢升為湖廣總督。

1838 年　以鴻臚寺卿黃爵滋為首，向道光皇帝奏請嚴禁鴉片。5 月 7 日上奏表達禁煙立場。9 月 8 日，道光皇帝降旨查禁鴉片。9 月 11 日，道光皇帝懲處公開建議鴉片弛禁的許乃濟。11 月 10 日抵京。從 11 月 11 日起，至 18 日止，道光皇帝日日召見。11 月 15 日，道光皇帝頒給欽差大臣關防，前往廣東，查辦海口事件。11 月 23 日正午，在京啟用欽差大臣關防，發傳牌，由正陽門出彰儀門，啟程南下。

1839 年　1 月 25 日行抵廣州。2 月 27 日，由水路赴虎門，執行繳煙工作。從 2 月 27 日到 4 月 6 日止，總共收繳了一萬九千一百八十七箱又兩千一百一十九袋鴉片，將近兩百三十萬斤之重。4 月 6，調任兩江總督。為完成禁煙事業，以欽差大臣兩江總督身分，繼續查辦鴉片。4 月 22 日（西曆 6 月 3 日）在虎門開始進行銷煙工作。5 月，「禁煙條例」頒行。5 月 27 日，發生「林維喜事件」。9 月，中英發生「穿鼻海戰」。12 月 22 日，調任兩廣總督。12 月 26 日，道光皇帝下諭嚴格斷絕對英貿易。

1840 年　英方發動「鴉片戰爭」（「商務戰爭」）。5 月 22 日，部分英國艦隊出現於廣東口外，飛報京城，指出英艦可能北上犯境。琦善以欽差大臣的身分前往廣東與英國談判。9 月，革除兩廣總督大臣職務，留在廣東，以備查問。12 月 15 日，英方攻陷沙角、大角砲臺。

1841 年　以四品卿銜赴浙江聽旨，離開廣東。4 月 26 日，協辦浙江軍務。6 月，河南地區發洪水，道光皇帝派大學士王鼎暫署河東河道總督，督辦工務。王鼎奏請協助治水，折回河東效力贖罪。

1842 年　2 月，東河工程完竣。7 月 24 日，鴉片戰爭落幕，簽定「南京條約」。7 月 29 日，到達蘭州。11 月 9 日到達伊犁惠遠。

1845 年　11 月 6 日，因於新疆輔導墾荒實邊有功，被重新起用，以四品京堂回京候補。在進京途中，又奉命以三品頂戴署理陝甘總督。

1846 年　鄧廷楨在陝西巡撫任上病逝。接任陝西巡撫。

1847 年　升任雲貴總督。

1848 年　妻子鄭淑卿病逝昆明。隔年告病還鄉。

1850 年　道光皇帝駕崩。咸豐皇帝繼位，任命為欽差大臣，前往廣西撫剿太平天國。10 月 2 日，抱病起程。10 月 19 日，於廣東潮州普寧縣行館，溘然長逝。

獻給孩子們的禮物

「世紀人物100」

訴說一百位中外人物的故事

是三民書局獻給孩子們最好的禮物！

- ◆ 不刻意美化、神化傳主，使「世紀人物」更易於親近。
- ◆ 嚴謹考證史實，傳遞最正確的資訊。
- ◆ 文字親切活潑，貼近孩子們的語言。
- ◆ 突破傳統的創作角度切入，讓孩子們認識不一樣的「世紀人物」。

在經典故事中成長
——有圖、有料、有意思
一生不可不讀的三十本經典
唐三藏西天取經、魯智深大鬧桃花村、
諸葛亮草船借箭、牛郎織女鵲橋相見……
過去，我們讀這些故事長大
現在，我們讓這些故事陪孩子一起長大
豐富的文化應該被傳承，傳統的經典需要有新意
小說新賞，讓經典再現——
全系列
共三十冊
敬請期待
導讀簡明，掌握故事緣起
內容生動，融合古典新意
插圖精美，呈現具體情境
經典新編，富含文學性質
三民網路書店
會員
獨享好康
大放送
通關密碼：A3579
憑通關密碼
登入就送100元e-coupon。
(使用方式請參閱三民網路書店之公告)
生日快樂
生日當月送購書禮金200元。
(使用方式請參閱三民網路書店之公告)
好康多多
購書享3%～6%紅利積點。
消費滿250元超商取書免運費。
電子報通知優惠及新書訊息。
書種最齊全
服務最迅速
超過百萬種繁、簡體書、外文書55折起
三民網路書店 http://www.sanmin.com.tw

國家圖書館出版品預行編目資料

禁煙先鋒：林則徐／詹文維著;徐福騫繪.－－初版二刷.－－臺北市：三民，2012
面；　公分.－－(兒童文學叢書／世紀人物100)

ISBN 978-957-14-5035-3　(平裝)

1.(清)林則徐 2.傳記 3.通俗作品

782.876　　97004165

© 禁煙先鋒：林則徐

著作人　詹文維
主　編　簡　宛
繪　者　徐福騫

發行人　劉振強
著作財產權人　三民書局股份有限公司
發行所　三民書局股份有限公司
地址　臺北市復興北路386號
電話　(02)25006600
郵撥帳號　0009998-5
門市部　(復北店)臺北市復興北路386號
(重南店)臺北市重慶南路一段61號

出版日期　初版一刷　2008年5月
初版二刷　2012年6月修正
編　號　S 782200
行政院新聞局登記證局版臺業字第〇二〇〇號

ISBN　978-957-14-5035-3　(平裝)

http://www.sanmin.com.tw　三民網路書店